病因は霊だった！

～世界の名医が証拠を～

Prof. h. c. Manfred Krames

名誉教授マンフレッド・クラメス

製紙に使う木は貴重な原料です。
環境のため、この本には
カバーと帯がついていません。

MPK

天照大神の
子ども達に

For the children of
Goddess Amaterasu

目次

Manfred Krames

はじめに

ようこそ、皆さん。私はドイツ生まれの心理士であり、東洋医学の専門家であるマンフレッド・クラメスと申します。私は日本をはじめとし、40年の間にいろんな国を渡り歩き、様々な体験をしてきました。その中でも、いちばん衝撃的だったのが、日本人の妻がある夜、突然に霊と会話し始めたことでした。それは、当時の私にとって、思いもよらないまさか、まさかの出来事でした。

こういう話をすると、私のことを「迷信」や「オカルト」好きだと思うでしょうが、そんなことはまったくありません。私は事実や理論を好むほうだったのです。

しかし、なぜか、私が各国で体験してきた出来事のほとんどは、目に見えない世界と関係があることでした。それを意図して選んだのではなく、私の人生は、自然にその方向に向かっていたのです。振り返って考えれば、何かしらの不思議な縁に導かれたと言ってもいいでしょう。

私の専門のひとつである、インド医学アーユルヴェーダもそうです。これは「目に見えない力」に基づいた癒しをするものですが、だからといって「宗教」でも「迷信」でもありません。

一方で、かつて自ら東京で学び修めた鍼《はり》と指圧は、ツボを刺激することによって癒しが得られます。驚くことに、ツボや経絡は目に見えないし、治療法が説明しにくいにも関わらず、回復率が高いのです。ある意味で、これらも目に見えない世界へのアプローチであることは、自明の理ではないでしょうか？

私が日本に長く生活していたときに気がついたのは、母国ドイツと違って、日本には霊に関する習慣がまだたくさん残っていることでした。たとえば、お盆。これは、あの世から霊が戻って来る時期なので、みんな霊を迎えるための準備をするでしょう。この風習こそ、昔の人が霊を見たり感じたりできた証ではないかと思います。しかし、現代では理屈っぽい教育のおかげで、霊のことを真剣に考える人が減ってしまいました。

日本人の友達に聞いた話では、子どもの頃、両親は霊が帰ってくるなんて迷信だと言っていたそうです。しかし、彼女のおばあさんは霊の存在を疑っていませんでした。つまり、現在１００歳以上の日本人であれば、理屈的な教育によって目が塞がれていないということです。

もし、このお盆の根源的意義が迷信だと言うならば、逆にいまだに国民全員がいっせいに休暇をとるのは変だと思いませんか？ご安心ください。こういったことは世界的に起こっていることです。つまり、欧米も似た状態なのです。ですから、読者の皆さんの中には「霊の話なんて…」と思う方もいらっしゃるでしょうが、ぜひ心を開いて、この本を読むようにと願っています。

本書では、自分自身が経験したことから、この世の本質を知るに役に立つ、いくつかの物語と、それに関する洞察をまとめました。それは前述したように、図らずも目に見えない世界の出来事となりました。しかし、自身の経験を責任をもって語ることで、できるだけ大勢の読者とその知恵を分かち合いたいと思っています。

皆さんは、ひとつひとつの物語を読み解くことで、霊や神々が私たちの生活や健康にどう関係しているか、また、霊の影響を受けた人はどうやって回復できるかを理解できることと思います。それは必ずや、皆さん自身の役に立つことでもあると信じています。そして、天照大神が何より日本人を見守りたいこともお分かりになるでしょう。

では、皆様、いざ別世界への扉を開きましょう。

1．最後の神風パイロット

16歳のときから東洋的な考え方と文化に深い興味があった私は、故郷のトリーアで座禅を始めました。そのうち、禅をより深く勉強したい希望が芽生えて、20歳のときに、日本の禅寺に入る決心をしました。そして、様々なプロセスを得て、福井県にある曹洞宗の佛國寺《ぶっこくじ》で修行ができることとなりました。

そこで私は、かつて本物の神風特攻隊員だった方に出会ったのです。彼はパイロットとしてどのように訓練され、〝自殺飛行〟の準備をしたかを語りました。日本で何千人もの神風特攻隊員が船に突撃していった時代から、まだ75年も経っていません。彼らはいつその時が来るか分からない中で、飛行機で敵の船に身を投げる覚悟と準備とをしていました。

彼らの魂を奮い立たせたのは、天皇に対する崇拝、お国のため、死後は天国に行けると信じることでした。同じ信念で、海兵隊員は魚雷に座り、爆薬とともにアメリカの軍艦や潜水艦に向かっていきました。〝人間爆弾〟として自分の命を捨てることは、米兵には（そして私にも）とても想像できない信じられないことでした。

特攻隊員だった彼は、それは天皇とお国のためであり、死後のことや家族のことは心配ないと言われたといいます。それが、すべて、だったのです。そして、天皇が戦争の終結を宣言したとき、彼はすでに突撃の準備ができており、死ぬ覚悟もできていました。

彼とは、原田湛玄《たんげん》老師。その名のとおり戦後、仏教僧になり、60歳から佛國寺という禅寺の住職になりました。私がそこで1年以上修行していた当時の彼は80歳。何も恐れていませんでした。彼は最後の最後まで、覚悟して一生懸命生きること、と弟子を教育していました。なぜなら、今世は一度しかない貴重な贈り物だから、と。

彼のような人生を送った人は、そういないでしょう。それは偶然、もしくは定め、どちらでしょうか？　宇宙（または、より高次の力）が、故意に彼を救ったのでしょうか？　やはり戦争で命を落とさず、仏教僧になることが彼の運命だったのでしょうか？　もし彼のパイロットとしての使命が一日前に決行されていたなら、私が彼に会うことはありませんでした。

私は彼としばしば意見を闘わせました。しかし、彼の仏教に対する意見には同意できない部分もあったので、その後、福井県の原田雪渓《せっけい》老師のもとに移り、何カ月間かを過ごしました。その発心寺《ほっしんじ》（曹洞宗）というお寺はたいそう厳しくて、毎日の作務（庭仕事、畑での仕事、大掃除）をこなすことで大変でした。

そこで、茅ヶ崎の崎村千元老師のもとに移りました。彼は白峰寺《はくほうじ》（曹洞宗）の住職であり、世俗的なことにも通じており、国際的で、私たちは相性がよく、多くの深い話ができました。しかし、私は一生を禅に費やしたくなかったので還俗し、東京で仕事を見つけて社会人となりました。

恐らく読者の皆さんにとっては意外だと思いますが、あの頃、数ヶ月間滞在できるお寺にいたのは、ほとんど日本人よりも外国人のほうが多かったのです。私は、学のある非常に多くの日本人に禅について話しましたが、話が通じないことがよくありました。何人かは曹洞宗の総本山である永平寺を知っていましたが、それはこの有名なお寺がよくテレビに出ていたからでしょう。

⇧原田雪渓老師

私や多くの外国人は、そうした日本の現状を理解できませんでした。日本の伝統的な価値観は、精神的な、もしくは霊的なものに満ちており、それらに対する知恵や知識、深い理解があるのは当たり前だったのに……。

座禅にしても、「ただ壁の前に静かに座っているだけ」と思っている日本人が多いのではないでしょうか。それが別世界への扉を開いて、感覚を研ぎ澄ますものであることを教えられていません。その代わりに、日本ではキリスト教的価値観が広まっていました。なぜなら、それが進歩的な西洋の価値観であり、すべて西からのものが高く評価されていたからです。

⇧著者が約40年ぶりに訪れた発心寺で住職と。

⇧曹洞宗の大本山、永平寺にて。

ところで、私は2年半に渡る禅の修業のなかで、仏教の勉強より、ものすごく実用的に使えるものを教わりました。お寺で生活すると毎朝、お坊さんと一緒にお経を唱えなければなりません。あの頃の私は、「こんなくだらないことは世の中にない」と思っていました。なぜなら、日本に来たばかりで、ほとんど日本語ができない状態で、何にも分かりません。なのに、訳の分からない長いお経を正座しながら唱えることに、何の意味があるでしょう？　特に、その中の「摩訶般若波羅蜜多心経《まかはんにゃはらみったしんぎょう》」が長くて、あまり好きではありませんでした。

しかし、それからだいぶ経った頃、このお経のおかげで、うつ病にかかっているクライアントさんを助けることができたのです。まさか、私にとって当初くだらないものであったお経が、このように、困っている人の役に立つ日が来るとは夢にも思いませんでした。

これは、ギリギリのところで生き残った神風パイロットとの出会いをいただいたおかげです。実に不思議な縁ではありませんか？　今でも、あの老師との出会いは、ただの運命ではなく、何らかの導きであったように感じています。

2. 妻は霊と会話する

様々な禅寺で2年半を過ごした後、社会人に戻った私は、東京のドイツ系貿易会社で輸出入の担当として働いていました。そこで、妻となる日本人女性と知り合い、独立して鎌倉に引っ越し、夫婦円満の生活を送りました。そして、ある日……。

結婚して3年が経ったときでした。夜中に、妻の部屋から話し声が聞こえてきたのです。携帯電話などない時代です。驚いて覗いてみると、彼女は目が覚めていて、布団の上に座り、誰かと話していました。しかし、私には誰も見えません。後で妻から、話していたのは学生時代に自殺した不幸な人物だったと聞きました。

禅寺で過ごしたおかげで、目に見えない世界があり得ないとは、もはや思っていませんでした。それにしても、この出来事は一体何なんだ……！

しかも、会話は毎夜繰り返され、新しい霊が次々に現れます。さらに、妻はお皿を洗ったり、自転車に乗ったりしながらも話すようになり、間一髪で事故を起こしそうになったことが幾度もありました。

そんななか部屋を掃除していると、件の僧侶より授かった「摩訶般若波羅蜜多心経」が書かれた紙を見つけました。とにかく必死の思いで、それを妻の布団の横に置き、コピーしたもう一枚を折りたたんで、妻の首に巻きました。すると、少し役に立ったようで、それ以来、夜中に話すことはなくなりました。が、彼女は二度と元に戻ることはなく、不幸にも別の人に変身してしまったのです。

その後、別居を経て離婚に至ってしまいましたが、私に今日の知識があれば、彼女を助けることができたに違いありません。しかし、あの頃の私は、若くて経験が浅い愚か者で、ようやく日本人社会を理解し始めたところでした。

連絡を取り合っていた妻の両親は、地上に縛られた霊についての話を受け入れませんでした。彼女の父親は子どもの頃、禅寺で数年間、過ごした経験があったにもかかわらず……。彼女の母親は、妻が会話した男は実際にいて、それは自殺した同級生だと話しました。こうした証拠があるのに、妻は精神科に連れて行かれ、統合失調症と診断され、向精神薬に依存させられるようになってしまいました。

この経験をもとに改めて考えるのは、80年前の日本で当たり前に理解されていたことが、現代では消失してしまったということです。昔であれば、霊に支配された人々は僧侶のもとに連れて行かれ、助けられたでしょう。しかし、現代の人たちは、まず西洋医療で何とかしようと考え、僧侶たちもその方法を忘れてしまいました。僧侶の中には、そうした話をまったく信じない者もおりました。これは日本社会がアメリカ化した影響なのでしょうか?

Prof. h. c. Manfred Krames
GEIST WESEN
UND IHR EINFLUSS AUF UNSER LEBEN
Ein revolutionärer Ratgeber bei Angst, Depression und Lebenskrisen

⇧霊について書いた著者の本がドイツでベストセラーに。

3. 日本人の第六感

一体なぜ日本人が、他人の感情を知ることができるのか、不思議だといつも思っていました。妻は、私の顔をまじまじ見ずとも、私が元気か、もしくは不機嫌であるかが分かりました。これは、気配を読むとか、空気を読むという、日本人にとっては普通のことのようです。

私も今なら理解できますが、多くの外国人にとっては不思議です。アメリカ映画では、恋人や夫婦がいつも「I love you」と言い合っています。しかし、日本人同士では、めったに口にしないのではないでしょうか? それは、相手に愛されているかどうかは、感覚で分かっているからだと思います。

私が2年間働いていた東京の貿易会社には、ゲルトという、私と同じもう一人のドイツ人がいました。彼はもともと、少林寺拳法の修行のために日本に来ていて、黒帯2段という、かなりの腕前でした。

ある晩、ビールを飲みながら、彼はその拳法修行の中に、目隠しをして行う練習があるんだと話し始めました。それは、目を使う代わりに直感と本能を使うもので、目隠しをした自分は、いくつか攻撃をかわすことができ、軽い怪我ですんだと言いました。

しかし、そのあとに今度は先生が目隠しをして、ゲルトに攻撃するよう言ったそうです。すると、その先生の反応は信じられないほど素早くて、まるでレーダーを内蔵しているかのように、すべての攻撃に見事に対抗したと言うのです。

それを目の当たりにしても信じられなかったゲルトは、次にもう1枚、目隠しを追加するよう先生に頼みました。しかし3分後、彼は完敗し、先生に深くお辞儀をして、信じなかったことを詫びたそうです。そして、その経験を決して忘れない、と言っていました。


私も日本で数年間、空手を習っていました。その練習をしているとき、理屈ではあり得ない、信じられないような感覚をたくさん体験したので、ゲルトの話はよく分かります。300年前の剣術の達人は、まるで頭の後ろに目がついているかのように、一瞬のうちに数人の敵からの攻撃を交わしました。私の日本人の友人は、時代劇の殺陣を見て「これは演技だから」と言いましたが、武術の経験がある人なら本当のことだと分かるでしょう。

現代の日本人に、空気を読む感覚が残っているとするなら、昔の人はどれほどすごかったのでしょうか?

4. 聖なる鏡の話

この話は、私が日本で生活していた最初の頃のことです。ある神社を訪れたとき、神主さんの許可を得て社の奥まで入らせてもらいました。すると祭壇に、直径約50cmの丸い鏡が置かれていることに気づきました。神主さんにそれが何を意味するのか尋ねると、1000年以上前から存在しているものだと言いました。神話によれば、日本の主神である天照大神が鏡をご神体とするように伝えたといい、それにより多くの神社に鏡があるといいます。

しかし、なぜ、ご神体が鏡なのか？　そこに自分自身を見ることから何を得られるというのか？　それとも、単なる象徴なのか？　その問いを待つと、神主は用事を思い出して、その場を去りました。私から見れば、人間はしばしば人生を振り返ることが必要でしょう。すなわち、日本で「内観」で自分を省みる習慣があるので、鏡がそれを表すのではないでしょうか。

数年後、ギリシャの最も古い寺院であるデルフィのアポロ寺院のことを本で知りました。その寺院の入り口に刻まれている言葉とは――、「己を知れ」。他には何もなく、ただ、この言葉だけがあると…。

「鏡で自分を知る」という神境のメッセージとデルフィの言葉には、神聖なる共通点があります。それは、仏陀の暗示でもあります。つまり、「自己認識が真の幸福への道である」ということを指しています。

しかし、そうした説明の代わりに、ただの丸い鏡が置かれていることは、私が今まで見てきた中で、最も哲学的に深いことでした。それは、私たちが本当の自分を認識したときに、（私たちの中の）「内なる神」を見ることを意味するからです。

⇧アポロ寺院の入り口に刻まれた「己を知れ」

つまり、外側の神（この世の神）と内側の神の間に、違いはないのです。仏陀の言葉でいえば、「自分の中の真の自己を認めた者が悟りを開く」ということです。世界には様々な宗教が存在していますが、結局のところ、宗教が宗教たるその本質には、共通したものがある。その根本となるものは本質的に同じである、ということではないでしょうか？

もう何年も前から、東京のＪＲと地下鉄の駅には、ホームの両端に丸い鏡が設置されています。そのことに詳しい知り合いによって分かったのは、その理由は、劇的に増加した自殺予防のためだということです。つまり、絶望した人が飛び降りる前に、ふと鏡で己を見る、それで何かに気づき、考えを変えることを願って……。

私はこの発想をよいと思う一方で、困っている人のために各神社やお寺に話し相手がいたら、もっとよいのではないかと思いました。そのためには、助けを求める勇気を持つことも必要です。そして、霊的な知識が、実用的に役に立つと知ることも必要です。そうでないと、せっかくの知識が、理論のための理論になり、ただの面白い話で終わってしまうのですから……。

5．奇妙なドキュメンタリー

今から30年前、実に驚きに満ちた、一生忘れないであろうＮＨＫのドキュメンタリーを見ました。これは、すべての貯蓄を野菜作りに投資したにもかかわらず、困窮している農家を詳細に取材した内容の報道でした。

と書くと、普通の経済番組のように思われるでしょうが、そうではありません。その家族は、最高の種子と最高の肥料を使用し、定期的に水やりをしましたが、2年経っても、キュウリもトマトもカボチャも発芽しなかったのです。あちこちに病気のような小さいスイカと、目に見えないぐらいのニンジンがなるだけ……。その理由が分からず、この一家は破産寸前でした。

そんなとき、この話を耳にした僧侶が力を貸そうと申し出たのです。農家の人たちは、霊的な力や一見怪しげに見える話を信じませんでしたが、まあ、頼んでみてもいいだろうということで、そのお坊さんに依頼しました。

そうして現場入りした僧侶は、まず瞑想を始めました。すると、すぐに不作の根源である霊をはっきり見たと言ったのです。しかも2、3人どころではなく、30人以上の不幸な霊たちが畑の上を漂っていると――。

そこで僧侶は畑に4つのスピーカーを置き、マイクでお経を何時間も唱えました。農家の人たちはこれをインチキだと思い、最初は一銭も払いませんでしたが、わずか1か月後には、あちこちに芽が出始めたのです。

さらに3か月後、カボチャとキュウリに実がなる兆しが現れ、最終的には素晴らしい大きさに成長しました。そして、収穫するのに苦労するくらいの豊作となり、家族だけでは捌ききれず助けが必要なほどになったのです。

一体こうした現象は、どういう理由で起こったのでしょうか――。そのことに関して依頼を受けた歴史家によると、様々な調査の結果、約450年前に、その場所で無数の犠牲者が出るほどの残忍な戦いがあったことが判明しました。

そこで、僧侶は農家にお経を録音したカセットを渡し、月に一度スピーカーで流すよう勧めました。そして、この出来事は、僧侶にとって特別なことではないと言いました。その僧侶は、内なる目で多くの霊を見ることができたので、今回だけが何も特別ではなかったのです。

この報道に私はすっかり魅了されました。そして、同時にがっかりもしました。NHKがこのような話を放送するというのに、どうして日本人は霊の存在を受け入れないのか？　NHKは、霊が存在するという証拠を提供したではないか。

残念ながら、私がこうしたテーマについて話したほとんどの日本人の意見は、「馬鹿馬鹿しい」、または「昔話の中のことだ」というものでした。3世代前とは違って、現代の日本人は論理的な考え方に縛られて、昔の価値観を受け入れられなくなっているとしか思えません。日本には8万以上の神社があり、さまざまな神が祭られているというのに――。

ドイツの全国的なアンケートによると、半分以上のドイツ人は天使の存在を信じています。この数は、決して少なくありません。そのうえ、霊能力者と一緒に働く精神科医が大分増えました。ドイツ語には、こういう言葉があります。「あなたは良い霊に見放された」、あるいは「一体何の悪魔があなたに憑いているのか」。

日本は、アメリカの考えを極端に取り入れないほうがよかったと、私は常に思っています。あの国は、自分の利益しか考えていないのではないか。そう思えてなりませんし、日本がこのまま極端なアメリカ化を続けるなら、日本の魂をいつか失うのではないか――。そうなら、実に残念なことです。

なぜならば、日本の良い価値観が失われるだけではなくて、日本人の特異な長所である、目に見えないものを感じる能力や基質が無駄になるからです。もったいないと思いませんか？　この才能は、今こそ何より必要となっているからです。このことに関しての詳しい説明は、また後でお話ししましょう。

⇧霊感を持っている有名なタイのお坊さん。
いなくなった人と対話することもできた。

6．花子という女の子

次にお話しするのは、5年ほど前に出会った代表的な霊現象のケースです。この頃、私にはすでに霊感ができていて、霊に関する治療の実践があり、さらにいろんな霊能力者から学んでいました。

当時の私は再び日本に戻り、東京でクリニックの院長である降矢英成先生に協力してもらい、様々な講演を行い、講座を開いて活動していました。あるとき、講義を終えた私のところに、一人の女性が近づいてきて、一度、娘と一緒に伺ってもいいかと尋ねました。

数日後に三人で会ってみると、なぜ、お母さんが娘を一人で来させなかったか、その理由がすぐに分かりました。

⇨日本ホリスティック協会の3代目会長でもあった降矢医師。

自信たっぷりのおしゃべり屋である母親に対して、娘の明美さんは無口な恥ずかしがり屋。26歳ぐらいでしたが、精神的にはまるで12歳の少女のようでした。

そしてお母さんが、娘は小さい頃から霊と話をすると、困った顔で語り始めたのです。その霊とは、主に事故で亡くなった子どもたちで、車にはねられた少年がいれば、お風呂場で水死した女の子もいるといいます。

そうした霊と娘が話をしている姿が、あまりにも奇妙すぎる。誰もいないのに返事をしたり、いきなり口をきいたりするおかげで、人を家に招くこともできないとこぼしていました。

娘の明美は11歳のときからそういう会話をしており、この12年間は、精神科から統合失調症の薬を投与されているが、その用量はどんどん増えていくばかり。その結果、娘は疲弊してしまって、仕事を見つけることができずにいる。その一方で、精神科医はお手上げ状態で、次に何をすべきか分からないと。

そして私に、こんな馬鹿げたことを、いい加減やめさせるにはどうしたらいいのか解決策を知りたい、と頼んできたのです。

私は湧き上がってくる怒りを抑えるために、目を閉じて深呼吸をしました。これが、私が遭遇した霊現象問題の4番目のケースでした(最初は私の妻でした)。　しかも、神々と霊的な場所を崇拝するこの国で。

日本は一体どうなってしまったのでしょうか。霊的な問題は霊的に解決するべきなのに、現代の日本では、西洋医学の訓練を受けた精神科に行き、向精神薬に依存させています。その母親は、確かに気の毒な存在でしょう。そして、仕方ないのかもしれません。しかし、それでも正直言って、どうしようもない人物だと私には思えました。

「今、隣に立っている子の名前は？」

一度も外国人と会ったことがないという明美さんに向かって、初遭遇の外国人である私が尋ねました。そのときは、私でさえ、そこに霊の存在を感じたのです。

「花子」と彼女は答えました。

私「あなたは、花子が好きですか？」

明美「はい、とても。みんなの中で一番好きな子で、話がよく合います」

私はこう頼みました。

「花子に私の言葉を伝えてくれますか？」

彼女は喜んで同意し、花子を含めた3人で話していると、お母さんの顔はだんだん青ざめていきました。反対に、明美さんのほうは元気が出てきます。信じてくれる人が現れたのは初めてだったのでしょう。

「明美さん、あなたは霊を見ることができるので、みんな集まってくるんです。そして、あなたの心は子どものように純粋だから、子どもたちはあなたと一緒に遊びたいに違いないのです」

明美さんが笑って、同意しました。

「彼らを助けたいでしょう?」

と聞くと、彼女はうなずきました。

「天国は、この地上よりもずっと楽しい場所に違いありません。花子をあの世に送りましょうか?」

彼女がまたうなずきました。そして花子に、天国がここよりよいところであることを伝え、「明美さんとの出会いは実に楽しかったと思うけれど、そろそろ光の中に戻りましょうか?」という私の言葉を伝えてくれました。

すぐに、明美さんを通して答えが来ました。

「私のことを理解してくれて、ありがとう。では、行きます。本当にありがとうございました」

明美さんが涙を流してお別れの準備をすると、私も胸が一杯になり、私たちはしばらく何も言えなくなりました。

少しして気を取り直した私は、今度はお母さんに向かって厳しく話しました。

「あなたの娘さんには、特殊な才能があります。それを病気と見なしてはいけません。つまり、彼女には地上に縛られた霊を助ける力がありますから、応援しなければいけませんよ」

恥ずかしくなったのでしょう、お母さんは「はい、分かりました」と言って、それ以上言葉が出なくなりました。私は、お礼のお金を受け取りませんでした。それは、このときまさに体験した良い結果こそが、私にとって何よりの報酬だったからです。今でも時々、そのお母さんからｅメールが届きます。


この出会いがなかったら、明美さんはおそらく一生、向精神薬漬けにされていたでしょう。

⇧すっかり打ち解けた明美さんと。

このようなケースはドイツにもありますが、まさか日本で、そういうことはないだろうとドイツ人はみな思っています。なぜなら、日本は「気」と禅仏教の国だから。つまり、目に見えない力を信じる民族の国だと思っているからです。

しかし、アメリカの影響力が増すにつれて、日本人は精神的な側面や価値観、アイデンティティを失いました。このプロセスは誰にも気づかれずに、少しずつ水面下で起こりました。

東京のある精神科の待合室で、うつ病と双極性障害に関するパンフレットを見つけました。その臨床像は、適切と思われる興味をひくような写真で簡単に説明されており、やっと良い教育が日本に入ってきたのだなと喜びを感じました。

しかし、それも束の間のこと。最後のページに薬が勧められているではありませんか！　本来なら、自分で自分を助ける方法が紹介されるべきなのに……。

誰がこの情報を印刷にしたのかと探すと、パンフレットの最後にあったのは「ファイザージャパンK.K.」。もはや何も言えません……。

7. 全世界にショックを与えたヨギ

日本がその名のとおり、太陽の国であるなら、国民は「太陽の子ども」になると私は考えています。太陽はいろいろな古代文化において、神様としての位置づけがなされています。ギリシャ、マヤ、インカなどもそのひとつ。神とのつながりがなぜ重要であるかは後で説明しますが、昔の日本人は神とのつながりを感じ、霊場《れいじょう》（気がみなぎる場所）を訪れ、すべての村の近くに神社と寺院を建て、神々と共に生きようとしました。武士は、禅の修行を通して達人となりました。

残念ながら、戦後の日本人は、こうしたスピリチュアルな（精神的な）道を歩み続けることができませんでした。どんな犠牲を払ってでも国を再建するために働く「過労社会」を形成したのです。

しかし、やっとの思いで国を再建できたにもかかわらず、社会の強い圧力はなくなりません。日本人が生来持つ忠誠心と献身は、しばしば雇用主によって悪用されることとなりました。残業をしない社員たちは、評価を下げられ、クビにされることを恐れます。

夜10時に仕事から帰ってきては、疲れて布団にもぐり、翌朝6時に駅まで走り、

8時半には会社に行くサラリーマンたちが、スピリチュアルな（精神的な）側面を活かすことは不可能です。

会社のことや経済的な不安で頭がいっぱいで、家族と過ごす余裕もなく、さらに自分だけの時間がなかなか作れません。消費社会以外の道を歩くスキマがまったくない状態になってしまいました。

それでも、仕事と消費活動以外の「非物理的な価値観」あるいは「非物理的な生き方」があるはずだという思いは、みんなの中にあるはずです。しかし、現代の日本では、そうした疑問に答えることができません。なぜなら、昔の日本にあった禅の文化に基づく、人の心を成長させる「道」がほとんど消えてしまったからです。

約30年前に、こうした日本を改善しようと志した人が現れました。ヨガに通じており、あえて髪を長く伸ばし、インド風の服を着て教祖になった、麻原彰晃という日本人男性でした。彼は、オウム真理教を設立し、悟りを開いたふりをしました。

彼の信奉者は、ガン細胞のように増殖拡大していきました。日本だけでも1万5千人が信者になり、多くの信者が瞑想とヨガのコースに参加するようになりました。その人たちは、決して〝変人〟ではなく、それどころか、弁護士、化学者、医師、その他の学者など、あらゆる分野のエリートが彼への忠誠を誓ったのです。

しかし、麻原は権力が一番手に入ったところで、頭がおかしくなったに違いありません。彼は実権を握って、新しい社会（世界秩序）を作りたかったのでしょう。しかし、その前に、古い世界を一掃する必要がありました。

そこで麻原は化学者を使い、致命的な神経毒であるサリンを誰にも気づかれずに大量に生産したのです。彼の社会改善への前奏曲は、東京の重要な建物への毒ガス攻撃でした。二人の医者を含む彼の忠実な部下たちは、毒が警察本部と様々な省庁に広がるように、地下鉄でサリンを放出しました。しかし、一部の共犯者が最後の瞬間に躊躇したため、すべてのガスが放出された訳ではありませんでした。

それでも、13人が死亡し、6千人に障害を与える大事件となったのです。その人たちの多くは依然として、回復不可能な長期の神経的な障害に苦しんでいるといいます。当時の警察はＦＢＩプロファイラーの協力を得て、ほぼ3週間後に麻原を逮捕し、彼は死刑を宣告され、宗派は解散しました。

しかし、本当の被害は、その後に始まったと私は思っています。欧米人が想像できないほど犯罪率の低い平和な国で、こんな恐ろしい事件が起きたことに、当の日本人がショックを受けました。そして、ヨガ、瞑想、宗教的なことのすべてを疑い始めました。時々お寺にお参りに行くのはいいですが、それ以外の熱心な宗教的な活動はすべて怪しいことに見られました。

この事件が起こった当時、私はスリランカにいて、アーユルヴェーダのクリニックを経営していました。スリランカで一緒だった友人の和志さんは、帰国するときに大変な目に遭いました。

大阪空港に着いたところで、入国審査官に仕事を聞かれ、「ヨガの講師」と言うとすぐに別室に連れ去られ、何時間も尋問されたといいます。このこと

⇧スリランカで立ち上げたクリニックのスタッフと。

は、今では私たち二人の間の笑い話になっていますが、当時の日本人の神経がどれほど過敏になっていたかを示す出来事ではないでしょうか。

世界中の若者は、社会人になる前でも後でも、人生の意味が何であるかを自問するものです。お金を稼いだり、家庭を築いたりするよりも前に、もっと重要で本質的なことが、人生にはあるはずだと――。

しかし、そういう精神的な問いは、日本では芽が出る前に摘まれてしまうでしょう。大人はその答えを持っていませんし、仕事や勉強では、そうした意味深い質問が邪魔になるからです。そうやって、何十年にもわたって生み出されてきた「心の真空」は、今でも満たされていません。日本政府は、学生に勉強ばかりさせて、心の勉強をさせることを無視してきました。もしくは、あえてそう仕向けてきたのかもしれません。その「真空」に、麻原が入り込んだのです。

日本政府はもちろんのこと、なぜ麻原問題が起きたか、誰も気づいていませんでした。だから「真空」を満たすものとして、アメリカのマインドフルネスブームを取り入れたりしています。しかし、その元が日本の禅仏教だと知っているのでしょうか？　逆輸入もいいところ。自国の文化や叡智を逆輸入してありがたがるなんて、恥ずかしくないでしょうか？

もちろん一方で、そうした精神的・霊的なものを信じない日本人が、たくさんいるのも事実です。私は多くの〝ニセ叡智〟を含む価値観や情報はアメリカで生まれると考えているので、それらを信じない人がいるのは、ある意味、いいことでもあると思っています。

しかし、そうしたことが潜在的に持つ本質的な真理までも全否定するのではなく、日本には信頼できる古代の文化と生活の知恵があるのですから、それを正しく理解してほしいと願っています。そのことを踏まえて理想的なのは、自分で一度、体験することです。

いまだに座禅というのは、壁の前に黙って座ることだと思っている人が多くいます。禅の真意を正しく理解できないのは、教育の仕方に問題があるのでしょう。日本の教育は、二次元的に学ぶものです（二次元教育＝読むことと暗記すること）。先生の言うことは正しく、そのまま信じることが大事で、質問や批判は望ましくありません。

私の父と祖父は、今の日本の教育法を体験した世代ですから、私にもよく分かります。なぜ私の父と祖父がというと、それは、もともとドイツ式のものだから。明治時代の政治家が、当時のドイツの教育システムを取り入れたからです。

しかし、ドイツでも私の世代になると、まったく異なる、完全に改善された学習法を体験しました。一方、日本の教育は古いままで、真理に通じる知恵や哲学、または自己啓発のための時間を、まったくとっていないでしょう。つまり、その子の本質を生かすような個性的な勉強の仕方ではありません。この問題については、改めて別の機会に説明するつもりですが、明治に入ってからの極端な西洋化は、本当に日本人のためになったのだろうかと、いつも考えさせられます。

昔の日本人は、あれほど霊に関するアンテナを持っていたのに——。

今の日本人が霊の存在を信じないのは、感覚不足の問題ではなくて、理屈っぽい教育を受けた結果です。１００年前の人には、霊の存在に対する疑問などありませんでしたし、私が今書いているような本も不要だったでしょう。そうなってしまった要因は、能力的に見えない（見えなくなってしまった）のではなく、「信じてはいけない」という理屈のみの教育による刷り込み、思い込みの結果ではないでしょうか？

⇧⇨オウム真理教のテロ事件が世界のニュースになった。

8．信的な信者に注意

この本が出版される少し前に、私は伊勢で〝スピリチュアル〟グループの指導者である女性に会いました。このグループは五次元の世界を透視して、ヒトラーやオウム真理教の創始者の麻原など、さまざまな霊と交信できると主張しています。

その七十二歳の気が強そうな女性は、人類には未来も、希望も、救われる方法もないと固く確信していました。彼女によると、人々はみんな道に迷っているので死んだほうがまし、〝向こう側〟に行けば目覚める機会があるだろう。この世界には愛がなく、利己主義だけが存在し、自然破壊、環境汚染、その他のネガティブな開発ばかりを行っている。

だから、すべてをゼロ、つまり「リセット」すれば、人々を助けることができると考えていました。そのためには、みんなが死ぬことが一番よい。大災害、大惨事が起きるなどして――。

私が、羽田の飛行機事故で燃える飛行機から全員がぎりぎり脱出した話をすると、彼女は顔を曇らせて、全員死んだほうがよかったと答えました。死こそ今の地球と人類のための最善の解決策だからと。

彼女は麻原に共感し、あの世の麻原からメッセージを受け取っていると言います。それによると、彼が何百万人もの人々を毒ガスで処刑しようとしたことは、神の命によるものだった。そのリセットを実現するには、科学者の協力が必要だと語りました。それを聞いたとき、私は耳を疑いました。彼女は大災害を望み、人類の少なくとも一部が五次元の世界で生き続けられることを切望しているのです。


そうした話の中で一番驚いたのは、元教授という知的な女性が、しかも霊界とアクセスできる人が、こうした考えを持ってしまうことです。しかし、彼女が唯一のケースではありません。同じような例は日本だけでなく、どこの国でも見られます。理由は簡単。彼らは霊界と繋がるチャネル（パイプラインのようなもの）を構築することで、向こう側からのメッセージを受信しているからです。もちろん、イエスや仏陀のような源（ソース）から、賢明な教えを受け取ることもあります。しかし、この霊的なパイプラインには、時として悪い霊（憑依）やニセ神が入り込むのです。そして、聞き手を洗脳し、悪事に利用します。

私は、彼らの霊界とつながる能力や受け取ったメッセージの信憑性を疑いませんが、その発信源については常に疑念を持つようにしています。なぜなら、奇妙な存在がこの受信チャネルに忍び込むと、神や宇宙のインテリジェンス（最高の知性）を装って受信機を誤操作してしまうからです。

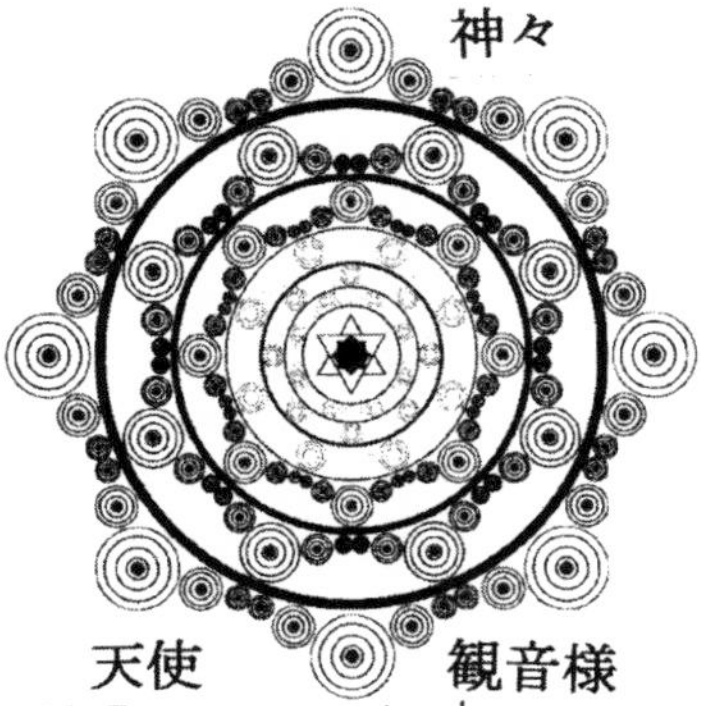

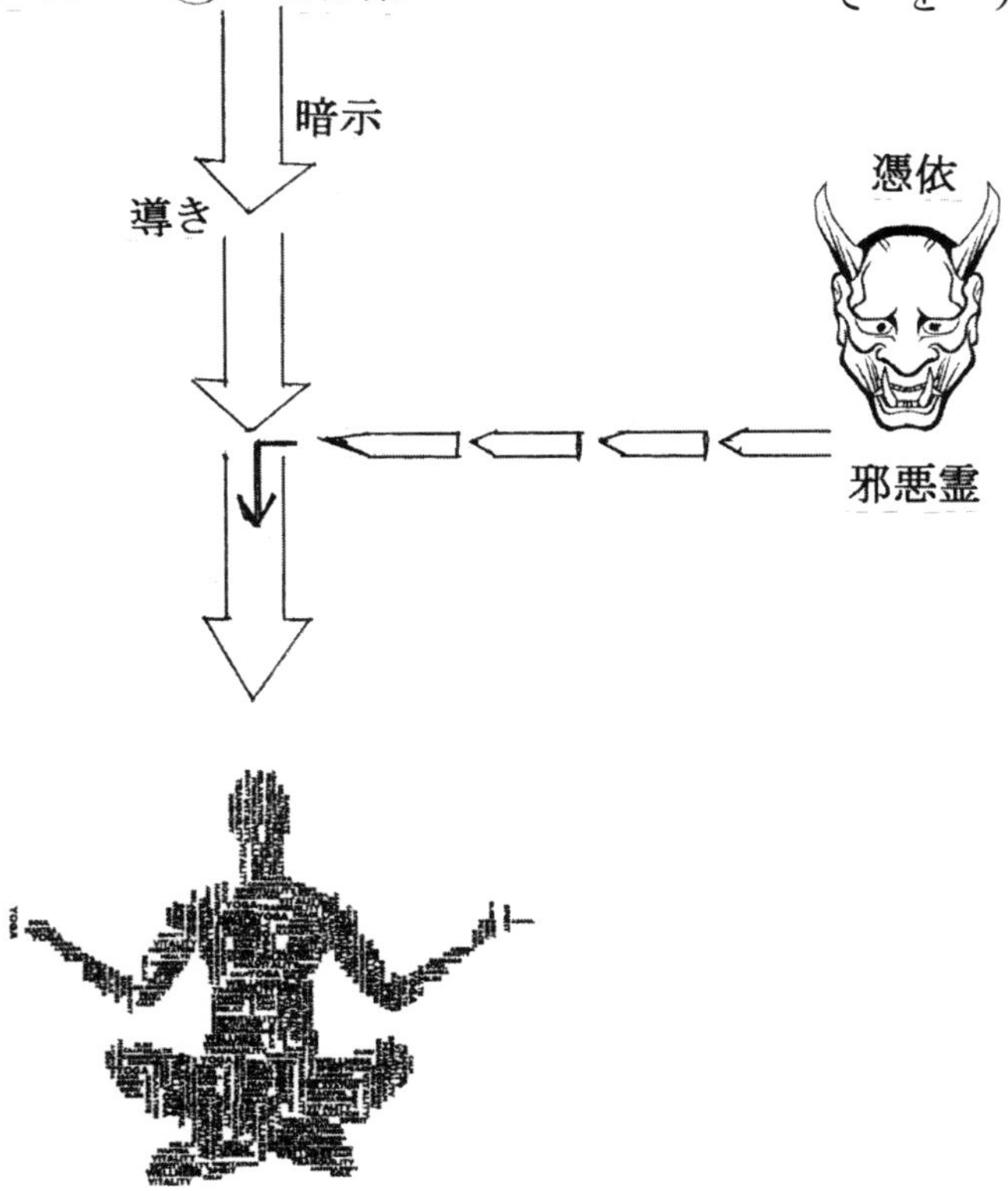

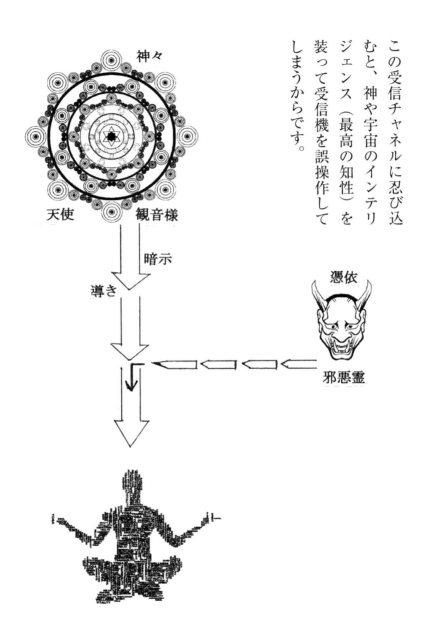

これは冗談ではありません。オウム真理教の信者に弁護士、医師、科学者といった知識層が多くいたことを思い出してください。彼らは皆、指導者・麻原の〝聖なる〟インスピレーションやメッセージに圧倒されて、彼を盲信しました。つまり、霊的な次元とのコンタクトは「両刃の剣」だということです。

心が完全に純粋ではない人、あるいは失望や暗い部分を持っている人は、簡単に悪い霊の影響を受けやすく、悪用される可能性があります。ヨーロッパでは、人々が神に命じられたと固く信じ込んで戦争を始め、後に後悔したケースが少なくありません。それを告げた霊能力者の力は本物だったので、周りにいる者が信じてしまったのです。

純粋な心と大きな慈悲を持つ人だけが、宇宙からの疑似メッセージやニセ神からの誤った教えを避けられます。神（＝宇宙のインテリジェンス）は常に、人類を助けたい、光と愛を送りたいと考えています。かつて、モンゴル戦士の姿をした悪魔が日本に襲来したときもそうです。天照大神が君臨し、その光で闇を追い払いました。あのとき日本が侵略されていたならば、日本全土に暗黒と死がもたらされていたことでしょう。

人類の歴史を振り返ると、時に戦争や大地震、パンデミック（疫病の大発生）といった大惨事が起こることがあります。それは人々が目覚めて、再び命や価値観を見直すための必然だと思います。しかし、この教えには多くの苦しみや痛みが伴うため、望んではなりません。私たちは生きている限り、自ら学び、愛を経験することができます。そして、常に自分の意思で、よい方向に行動を変えることができるのです。

9. 世界一の作曲家が日本に上陸した日

音楽や美術に対する人の好みは、それぞれです。何が美しいか、そうでないかで多分口論になるでしょう。とは言っても、全世界で一番演奏されている楽曲は、やはりベートーベンの作品です。そして『第九（歓喜の歌）』が、日本全国で一番歌われているクラシックの曲であります。恥ずかしいことに、彼はドイツより日本で圧倒的に人気です。

私はそれほどクラシック音楽に造詣が深い訳ではありませんが、あるとき、不思議なことが起きました。私は有無を言わさずに、強引にベートーベンに〝引き合わされた〟のです。その〝出会い〟の意味は何だったのか？　それを語る前に、まずある時代に、日本と交流した在日ドイツ兵の話を紹介しましょう。

そもそも日本には、ドイツに対する憧れがありました。遡ること１８７３年（明治6年）、日本の使節団はカイザー・ヴィルヘルム1世（ドイツのプロイセン系皇帝）に迎えられ、彼の城に数週間滞在しました。そして、ドイツ人が顧問として日本を訪れ、近代化を支援したのです。１８９０年に発布された明治憲法は、プロイセン憲法に基づいたものでした。

それ以来、両国は密接な友好関係を維持しています。ドイツは今日でも〝先生〟と見なされており、40年ほど前まで、医者になりたい日本人はみなドイツ語を読めなければなりませんでした。

こうした日本とドイツとの関係が、次に話す世界でも稀な出来事を起こしました。この話は、約100年前に日本で起こった本当のことです。

当時、ドイツ帝国は中国の一部を征服しようと目論んでおり、同じ目的を持つ日本と対立していました。そして1915年（大正4年）、ドイツ帝国の海軍兵と日本兵が中国で対峙することとなり、日本軍の兵数が上回っていたために、ドイツは敗北しました。

しかし、捕らえられたドイツ兵は、いつものように強制労働送りにはされず、代わりに日本に移送され、広々とした兵舎に収容されたのです。

そこは収容所とは言っても、約5000人のドイツ兵が自由に動き回ることができる広さがあり、テニスやサッカーコート、独自の海水浴場、優れた衛生設備までありました。最良だったのは、労働を強制されなかったことです。

しかし、のんびりすることが彼らの目的ではありません。数ヶ月のうちに、自らパン屋、肉屋、図書館、学校、印刷所、ワークショップなどを作り、そこで生産したパン、ソーセージ、ケーキ、新聞、美術品などを、日本人に販売や交換するようになりました。こうして「捕虜収容所」は「ドイツ村」へと成長し、日本中に知られるようになったのです。

やがて戦争が終わり、ドイツ兵が解放されるときが迫ってきました。そこで、日本人の「おもてなし」のおかげで生き残った彼らは、最上級のコンサートで恩返しをしようと考えました。兵士の中には、音楽家や聖歌隊長、指揮者もいたので、選ばれた楽曲は、ベートーベンの『交響曲第9番』。演奏するための楽器はいくつかありましたが、足りないものは新たに手作りし、数週間にわたって準備が行われました。

こうして1918年（大正7年）、『第九』が日本で初めて演奏されたのです。聴衆は目に涙を浮かべて聴き入ったといいます。この素晴らしい交響曲が巻き起こした感動の渦は、やがて日本中に広まっていきました。

今日でもそれは続いています。今、日本で最も有名な海外の作曲家といえば、ベートーベンではないでしょうか。『第九』はドイツ大使から冗談めかして「日本の第二国歌」と呼ばれるほどに愛され、頻繁に演奏されています。私自身、『第九』の日本上陸１００周年記念公演に招待され、スピーチをしました。

しかし、なぜ私が『第九』のスピーチをすることになったのか？　そのきっかけは、私がタイの国営テレビ局のＰＢＳから招待されたことでした。それは、ベストセラーになった、タイの国王について書いた私の本のインタビューのためでした。

⇧タイの国王をテーマにした著者のタイ語の本。

そのとき、バンコクに飛んだ私はまだ収録前だったので、ホテルで寝ていました。すると、夢の中でベートーベンの『第九』を聴いたのです。途中で目が覚めたにもかかわらず、曲はまだそこにありました。それまで、ベートーベンやクラシック音楽には、それほど興味がなかったのに……。もちろん、ドイツ人として当然あの有名な『第九』は知っていましたが……。

不思議に思った私は、持っていたノートＰＣで『第九』を調べ始めました。とても疲れていたので、半分眠っている状態で、恣意的にいくつかのウェブサイトをクリックしました。

しかし、それらはまさに、みな読むべきものだったのです。まるで案内されたかのように『歓びの歌』の有名な歌詞を読むと、歌詞の中に東洋哲学の考えがたくさん入っていることに気づきました。私は魅了され、興奮して調べ続け、気がついたら3時間が経過していました。

すぐに、すべてのひらめきをメモし、収録があることなどほとんど忘れていました。スタジオに現れたときの私は、たいそう疲れて眠そうな顔をしていたことでしょう。インタビューが終わってホテルに戻ると、今度は自分の発見を忘れないように、必死にその内容をノートＰＣに打ち込み始めました。このとき「上から」多くのことが口述されたのです。もしかして、ベートーベンが私を導いていたのではないか――。そう思わせる濃密な時間でした。

こうして書いたものが、後に『交響曲「第九」の秘密』と題して日本で出版されました。この本のおかげで、私は１００周年のお祝いに鳴門市に招待され、講演をしたのです。しかし、この本は私が書いたのではなく、ベートーベンの魂が私を通して書いたものだと思わずにはいられませんでした。それを言ったところで、誰にも信じてもらえませんでしたが……。でも真実です。今でも、この本の内容を褒めていただいたメールが読者から届いています。

ちなみに、ベートーベンはこの楽曲を完全に耳が聞こえない状態で作曲し、自らの指揮で初演しました。想像してみてください。耳が聞こえないのに、75分もの交響曲を書くなんて、誰ができるでしょうか？　まるで、目が見えない人が絵を描くのと同じこと。ベートーベンが聴いていたであろう、自らの中にある「内なる声」のすごさに今でも圧倒されます。

⇨世界的に有名な作曲家ベートーベンは、日本では「楽聖」と呼ばれていました。

10．見えないものを可視化する天才

皆さんは、江本勝博士をご存知ですか？　おそらく知らない方が多いでしょう。しかし、ドイツでは実にたくさんの人に知られており、その著書はすべてベストセラーになったほどです。

では、彼の何がそんなに特別なのでしょうか？　江本博士は、氷の結晶をマクロ撮影するために、まったく新しい撮影技術を開発しました。それによって、水が事前にどのような〝経験〟を持っているかによって、氷の結晶の構造が変化することを発見したのです。

たとえば工業地帯からの水は、暗くて醜い結晶を形成します。一方、富士山の水は、左右対称で色彩豊かな美しい模様を描きます。

さらに驚くことに、水は、良い言葉をかけたり、悪い言葉をかけたりすることによって変化します。たとえば、コップ一杯の水に対して「あなたは大嫌い！」「あなたはダメだ！」と何度も言うと、醜い結晶が形成されます。反対に、「愛しています」「あなたは良い人、美しい人」などと言えば、写真には美しい模様が表示されるのです。

彼はこうした実験を何度も繰り返し、記録したため、「水は振動（波動）に反応する」ということに、もはや疑いの余地がなくなりました。

アメリカの大学でも、同様の実験が植物を使って行われました。モーツァルトやバッハといったクラシック音楽に触れている場合、植物は急速かつ健康に成長します。一方、ヘヴィメタル、パンク、あるいは電子音楽などを聴かせると、病気になり、ほとんど成長しませんでした。

いずれにしても江本博士はドイツで非常によく知られており、米国でも名高く、彼を笑ったのは日本だけだったのです。これは本当の科学ではない、トンデモ科学だなどと揶揄して……。彼はこうした批評に大変苦労したと聞きました。

その後、縁があって東京で息子の博正さんと会い、講演もさせてもらいました。彼は、ドイツで出版した書籍による大成功のおかげで、日本での悪口が少なくなったが、応援してくれる人はまだいないと言っていました。

日本人がこのような貴重な発見を笑うのは、とても残念です。しかし、私には疑問がひとつあります。水（ただの水！）が微妙な波動や振動に反応するのであれば、人間の場合はどうなのか？　なぜならば、人体は75％が水でできているのだから、同じように反応するはずではないか。

なにしろ、かつての日本人は霊を感じることができ、剣士は言葉を使わずに相手の意図を認識することができました。彼らは、ただそれを感じただけなのです。現代人は論理的かつ合理的に考えすぎるため、この能力が失われたのではないでしょうか？　さらに、何百万もの人々が一日に何時間もスマートフォンを見ており、脳が処理できないほどの情報を受けています。そのために、感情（感覚）や第六感が失われ、霊や神の世界はますます私たちから疎遠になっているのではないかと思います。

⇧水の結晶の研究を続ける江本博正氏と。

本当は、科学は人間のツールであるべきものなのに、今ではその反対で、人間が科学の手中に落ちてしまっていると思わずにはいられません。ここで考えてほしいのは、「波動」に関する理解という新たな地平線を広げようとする試みが、馬鹿馬鹿しいと見なされることの危険性です。やがて私たちは〝理屈の穴（＝罠）〟に落ちてしまうでしょう。

ヨーロッパとは異なり、日本のメディアは、企業の広告やそれに投資するビジネスに依存しているために、企業に絶対反発しない番組や記事しか報道できません。アーユルヴェーダ、鍼治療、その他の代替療法に関する治癒報告は、広告主と利益相反があるため、衣類や食品に含まれる農薬や毒素に関する報告と同じくらい少ないようです。

5〜6年前、ある本屋さんで健康雑誌の表紙を見て、驚きました。ヒルデガルト・フォン・ビンゲンというドイツの有名な自然療法家は、その表紙に「魔女」と紹介されていたのです。変な〝スピリチュアル〟として面白がらせることで、製薬業界は文句を言わなくなるのでしょうか。

ところで、博正さんと出会った後、彼によって『第九』の水の結晶への影響を写真に収めることができました。彼との出会いは計画ではなく、まったくの偶然であったことに、また驚かされました。

11. 賢明な墓石、困った僧侶

今の人たちは、武士道の世界とはほとんど関係がなく、江戸時代なんて学校で習うこと、と思っているかもしれません。しかし、誰もが知っているものがあります。それは、史上最高の剣士である宮本武蔵です。ちなみに、多くのドイツ人は彼の名前を知っています。

彼は戦国時代である天正12年(1584年)に、武士の息子として生まれ、幼い頃から様々な戦術を学びました。わずか13歳のとき、百戦錬磨のツワモノである武士を木刀で倒しました。その相手は、真剣を使っていたにもかかわらず。16歳になると、彼よりはるかに経験のある敵を打ち負かし、21歳で、有名な剣の達人の弟子を一人ずつやっつけました。腹を立てた大名たちが彼を殺すよう命じて最強の侍を送りましたが、生きて帰る者はいませんでした。武蔵は28歳のとき、6回の大戦で勝利を収め、60回以上の決闘に勝利したといいます。

しかし、最大の戦いは、多くの人が無敵だと信じていた剣の達人、佐々木小次郎からの挑戦でした。1612年4月13日、巌流島で二人は向かい合いました。小次郎のカミソリのような鋭い真剣が、武蔵の頭に向かって稲妻のように鞭打たれた瞬間……、彼は、それより速い木刀の一撃で勝ったのです。

多くの人にとって、この〝日本のブルース・リー〟は、武道の聖人と見なされているでしょう。しかし、彼はそれだけではなく、他の芸術にも精通していました。ほんの数例を挙げるだけでも、書道、水墨画、彫刻、執筆など。これは、日本の武士道には精神的な成熟も必要という、西洋の武術とは全然違う考え方で成り立っていることを示しています。彼は熱心に仏教を学び、座禅を実践しました。そして、生涯最後の数年間を洞窟で瞑想して過ごし、1645年6月に亡くなりました。

洞窟の中で彼は、剣術の奥義をまとめた『五輪書《ごりんのしょ》』を書きました。それは今日まで、いくつかの言語で出版されています。内容は、「地、水、火、風、空」の5つの要素の目に見えない力、及び影響についてです。これらの要素は、中国とインドの伝統医学の基礎でもありますが、武蔵はこれらを学んだことはありません。つまり、彼は洞窟での瞑想によって、5大要素の力を自力で発見したのです。武士道が、いかに精神性が高く醸成されたものであり、原始的な西洋武術とは違うということに、私は驚かされました。

しかし、今では空手や柔道も西洋的なスポーツになってしまったのではないでしょうか？　とても残念なことだと思います。アメリカ人にとっての第一目的は、自分の腕前を人に見せることですが、本物の空手家や武士は、自分の才能を誇示することは決してありません。内面の価値観がより重要だからです。

武蔵の伝記小説である『宮本武蔵』の中で、著者の吉川英治氏は、主人公が修行の邪魔をされないために、どれほど苦労して自分を律していたか、混乱を乗り超えたかについて詳しく書きました。この本のドイツ語版が大ヒットしましたが、日本人で読んだ人はなかなかいないようです。是非読んでみることをお勧めします。

⇧「宮本武蔵」
（吉川英治著・講談社）の
英語版は今でも人気の書。

ところで、伝統的な漢方医学には、「五味」と「五色」の教えがあります。日本曜日の名前は、５つの要素と同じです――火曜日、水曜日、木曜日、金曜日、土曜日（日曜日と月曜日は、英語やドイツ語と同じく、太陽と月の名前）。

⇧どこの墓地にもある五輪塔。

日本の伝統的で代表格となる墓石が、「五輪塔《ごりんとう》」と呼ばれていることをご存知でしょうか？　一番下のものは正方形で地球を象徴し、一番上のものは「宝珠《ほうじゅ》」と呼ばれる玉であり、「空《くう》」または宇宙を象徴しています。サンスクリット語に関連する言語である「梵字《ぼんじ》」は、この五輪塔の各石に刻まれており、時には卒塔婆にも書かれています。

私はこの点について知識を広げたいと思い、東京とその周辺のいくつかの墓地を訪れました。しかし、そこにいるお坊さんは、ほとんどが葬式やお墓の世話をするだけの人のようでした。

がっかりしたことに、彼らが毎日見る五輪塔が5つの要素を象徴していることさえ知りませんでした。私がそれを説明すると、みんな驚いて、外国人である私がなぜそれを知っているのか知りたがりました。私は答えました。それほど奇妙なことではありません。あなたはそれに精通しているべきです。それは、あなたたちの文化ではないですか、と。

すると、彼らは急に困った顔をして目を逸らしたり、突然用事を思い出したと言って去ってしまいました。これらの「僧侶」は、とても快適な生活を送っています。真理という宝物をどこかに置き忘れて……。

欧米で大人気の
五行健康法の秘密
五つの力が貴方の元気
と幸福を決める
名誉博士 M.クラメス
MPK
サンイチマル出版社

⇧著者が日本で出版した
「5大要素」についての本。

12. ここまでの一考

ここで、私のことについて少しお話ししておきましょう。私はドイツの普通のキリスト教社会で育ちました。しかし、12歳の頃から、だんだん牧師たちの戯言のような説教が奇妙に思えてきました。聖書が彼らの唯一の〝参考資料〟で、みな個人的な経験がないのにもかかわらず、さも見てきたかのように、よくも講釈をたれるものだ——。教会に連れて行かれるたび、心の中でそう呟いていました。

そして5〜6年後、仏陀の教えの中に、私の疑問に関する多くの答えを見つけることができたのです。そこで、私は座禅を組むようになり、20歳のときに日本に渡り、禅寺で修行を始めました。

しかしながら、そうした経験は私にある失望ももたらしました。それは、日本や、その後に渡り歩いたアジアの国々で、「仏教」が信者たちを洗脳する宗教として利用されていると知ったからです。私は、そういうことを好みません。人は洗脳されたり、教え込まれたりするのではなく、自分で経験し、自分で考えなければならないと思っているからです。

ですので、この本で仏教について述べていることは、決して宗教としての仏教ではなく、仏陀の教えである根本的な仏教についてであるとご理解ください。

また、私は日本の文化（特に昔の文化）が好きで、それを学ぶことがとても楽しみでした。日本にはあわせて15年間住み、現代の日本の状況も知っているつもりです。そうして、失われてしまった価値観のことを知れば知るほど、外国人ながら今伝えるべきことがあるという思いに駆られて、本書を書くに至りました。

もし私が１００年前にこの本を書いていたなら、その時代の読者は退屈していたでしょう。霊の存在の何が特別なのですか？　誰もが知っています、と思ったはずです。昔は、神や霊とのつながりを専門とする神職や僧侶がいました。近代化や国際化の進展に伴い、これらのことが形骸化してしまいました。

そういった状況が現実だとしても、鎌倉での元妻との体験は、他の話と同じく、すべて実際に起こった真実に他なりません。そして、日本の心理学はアメリカの様式に基づいており、霊の存在を認めていません。代わりに、向精神薬が大量に処方され、製薬業界を大いに喜ばせています。僧侶や神主たちは、こうしたことに関する知識がほとんどありません。ですから、新興宗教がたくさん生まれますが、それらは結局、信者を依存させ、自由を奪うだけではないでしょうか？　では、困ったときは誰に頼ればいいのでしょうか？

日本人は、自分の問題を人に話さない（外に明かさない）よう教育されるので、私が遭遇した困っている人たちは、氷山のほんの一角に過ぎないと思います。今の日本では、霊にまつわる話をすると、変人として見られる恐れがあります。ですから、結局、何千人もの人々が沈黙したまま苦しんでいます。誰が彼らの助けとなれるでしょうか？

ここでもう一考。

神は罰を与えますか？

第一に、神は人間のように感情的になって、復讐することはないと思いますが、こういうこともありました。

考古学者たちはポンペイ市で、そこの人々が性的に非常に自由に暮らしていたことを示す証拠を、数百点も発見しました。あらゆる街角に売春宿があり、誰もが自由に遊びを楽しんでいました――まるでポルノの楽園のように。ところが西暦79年、ヴェスヴィオ火山の大噴火によってポンペイ市は埋没され、噴火に驚いた人々が〝ある体位〟のまま生き埋めにされて、今まで保存されています。イタリア当局は恥ずかしさから、長年この発見を秘密にしていました。これは偶然でしょうか?

2004年12月25日、何百万ものヨーロッパ人がタイやスリランカ、インドネシアで楽しんでいました。彼らはお酒を飲んで酔っ払い、ビーチやホテルの部屋で遊んでいて、その休日の意味を完全に忘れていたのです。しかし、クリスマスはあくまでもイエス・キリストの誕生日です。私は宗教に反対していますが、なぜ人類のために命を犠牲にした、この素晴らしい救世主の誕生日に酔わなければならないのか分かりません。

ご存知のとおり、それは欧州時間の12月25日に起こりました。23万人もの死亡者を出した津波が、ちょうどクリスマスの日に起きたことは、偶然か、暗示か、読者の判断にお任せします。日本語には「天罰」という言葉がありますが、神々に対してあまり無礼なことはしないほうが良いかもしれません。

13. お経で悪魔祓い

5～6年ほど前に、私は高野山にある真言宗の高僧に会い、「摩訶般若《まかはんにゃ》波羅蜜多心経《はらみったしんぎょう》」のうつ病の効果に関する研究について話しました。なぜならば、すでに何人かの日本人で良い結果が得られていたからです。ところが、私の提案を聞いたところでそのお坊さんは笑い、そんな効果がありますか？　と、私をまるで宇宙人かのように見てきました。

そこで私が思ったのは、あなたの宗派の創設者である空海が、この話を聞いたら何と言うでしょうか？　ということです。

空海にとって霊界の存在は当たり前のことであり、それなりの技（対処法）を教えてきました。それに比べ、今ほとんどの宗教は、社会の役に立とうという大志がないように感じたのです。もし例外がありましたら、お詫びします。

私は、ｙｏｕｔｕｂｅにあるいろんな「摩訶般若波羅蜜多心経」の録音を試しましたが、うつの患者さんに圧倒的な効果があったのはひとつだけでした。その唯一の音源は、僧侶たちが全力で唱えているのを感じることができます。

そのおかげで、私は何も治療せずに、ただ困っている患者さんにお経のリンクを送信しただけでした。それを家中に流して真剣に聴いた何人かの人は、うつがかなり（実は8割以上）治ったと言いました。最も良い結果が得られたのは、聴くのと同時にお経の文を見て、集中して読んだ人です。そのため、同じ問題を持つドイツ人の場合、結果はその半分しか得られませんでした（漢字が分からないため）。しかし、それでも多少の効果が認められました。

ここで、私自身がいちばん驚いたケースについて、お話ししましょう。それは、関西のテレビ局のあるマネージャーさんの一件で、彼の17歳の息子さんが、どうにもならない状態にあるという相談でした。息子さんは何の理由もなく、突然、暴力を振るようになり、とうとう奥さんが別居せざるを得ないほどに激しくなったと。彼はもうお手上げの状態のところで、私のカウンセリングを受けました。

私は息子さんに会わずとも、すぐに原因が霊だと分かったので、さっそくｙｏｕｔｕｂｅのお経のリンクを彼に回しました。息子さんが家にいるときに、できるだけ大きなボリュームで流すようにと。

すると3日後、彼から電話が入り、「信じられないことが起こりました！」と興奮しながら、こんな話をしました。息子が学校から帰ってきてすぐに、お経をスピーカーで流すと、息子が服を着たままシャワーに走り、悲鳴を上げながら冷たいシャワーを浴びたと。そして、自分の部屋に駆け込むなり、壁に頭を何回も撃ちつけ、くたびれて、そのまま倒れてしまった……。目の前で起きていることなのに信じられないと、お父さんは相当なショックを受けたようでした。

これを聞いた私は「僕のせいで、とんでもないことになったのではないか」と良心が傷んだほどです。しかし、話はここで終わらずに、お父さんは次のように報告しました。5～6分経ったら、息子さんは意識が戻って、何事もなかったように立ち上がり、普通にお父さんと会話ができたそうです。何も覚えていないと……。そして、おかしな行動や暴力は一切なくなったと言います。

お父さんは、一体どのようにお礼をすればいいのか、と私に尋ねました。そこで考えたのは、相手はせっかくテレビ局の偉い人ですから、日本のこの素晴らしいお経についてドキュメンタリー番組を作ったらどうか、ということでした。それが大勢の困っている人の役に立てば、私にとって何よりのお礼になるからです。

しかし、残念なことに、話には乗りませんでした。多分、自分のプライベートを公にすることが恥ずかしいのと、自分が霊を信じていると見られることを恐れたのでしょう。とてもがっかりしました。今までのケースでも、みな公にしたくないと言ったので想像はつきましたが……。

こうしたことは、日本の社会が物質主義的になり過ぎた結果でしょうか？　この状況が指し示しているのは、結局、7千年もの間存在した自分たちの魂を、日本人自らが抑圧していることに他ならないと思います。

14. 霊とお経に関する研究

こうした数々の体験のおかげで、私にとって、霊の存在を疑う理由がひとつもなくなりました。しかし、他人を納得させるために、圧倒的な「証拠」が欲しかったのです。そこで私はこう考えました。もし、うつ病の原因が本当に霊であるならば、霊祓いによって（＝死者をあの世に送ることによって）うつが消えるはずだと。すなわち、患者さんの明らかな回復が証拠になるということです。

それだけではなくて、うつ病にかかっている患者さんをお経治療で治せるなら、原因は霊だったという証拠だけではなく、お経に効果があるという証拠にもなります。いずれにしても、もともと「摩訶般若波羅蜜多心経」は、このような霊的な問題のために作られたのではないか？　今までお経で回復した約50人の日本人の症例が、私にとっては十分な証拠になりました（ちなみにドイツ人は約15人）。

もちろん、簡単に治らないケースもあります。つまり、霊があまりにもしつこい、あるいは悪質である場合は、お経だけでは効かないこともありました。こういったケースは世界一流の霊能力者に回しましたが、その回復率は素晴らしいものでした。

この事実については、後で詳しく述べることにしましょう。ここでは、日本人の場合は、お経での回復率が圧倒的に高く、うつ病の80％以上のケースに役立つことを強調しておきます。もう一度言いますが、もし、うつで悩んでいる方がいるならば、自分でお経を聴くことをお勧めします。

15. 大使とお茶を

ここで一旦、時計の針を巻き戻しましょう。

東京の会社で働いた後、私は自分のビジネスを始めました。横浜で貿易会社を設立し、4人の従業員を雇い、様々な日本茶をドイツに輸出しました。日本で最年少の外国人経営者として知られるようになり、在日ドイツ商工会議所のヒントによって、ドイツテレビ局が取材にやって来たこともありました。

しかし、成功の絶頂期で、自分の道は違うと感じ始めたのです。そして、インド医学のアーユルヴェーダを勉強するために、スリランカに引っ越しました。東京の学校で既に3年以上、鍼灸と指圧を学んだ私にとって、アーユルヴェーダの理論はすぐに身に着くものでした。一年後、キャンディ市に、外国人向けの治療センターを設立することができました。

次の経験はその頃のことです。

奇妙に聞こえるかもしれませんが、スリランカで一年過ごした私は、日本がとても恋しくなりました。しかし、クリニックの立ち上げの忙しさのおかげで、戻ることは叶いません。

そんなある日、大都市コロンボで偶然にも、日本大使館の前を通りかかったのです。目の前に日本が現れた！　そう思った私は、何も考えずに車を止めて入りました。

そして、約束も何もない私が大使に会いたいと受付の女性に交渉していると、突然、50代半ばの身なりのよい紳士が廊下を通りかかったのです。そこで、「失礼ですが、大使様でいらっしゃいますか？」と、いきなり日本語で尋ねました。「はい。何かご用ですか？」「日本語で話すのはしばらくぶりですので、もし時間があるようでしたら、少し付き合っていただけませんか……」

幸いなことに、その人は私の勝手な申し出を断らず、自分の執務室に迎え入れると、美味しい日本茶を出してくれました。それはまるで、楽園にいるようなひとときでした。彼の名は、新田勇さん。私たちはまた会う約束をし、その後も、しばしば楽しい時間を持つことができました。

そんなある茶会のときのこと。私がアーユルヴェーダについて新田大使に話すと、それこそ、彼の前任者である大鷹弘さんが、すごい関心があったと言いました。そして、一度会ってみたら、と提案し、電話番号を書いて教えてくれたのです。「東京に戻ったら電話するといいでしょう。引退しているので時間があるはずです」と。「ただし、他の人に番号を教えないでください。彼の妻は有名な歌手だから」と付け加えて。私は約束して、頭を下げました。

4ヶ月後、東京で大鷹さんと会うことになりました。わざわざ自宅に招いてくれたのですが、予定が変わって急きょ喫茶店で会うこととなり、妻がちょっと具合が悪いから、と彼は詫びました。とても楽しい会合でしたが、奥さんに会えなかったことが残念だったと今は思っています。

なぜなら、その人が日本で最も有名な歌手であり、女優でもある山口淑子さん（別名、李香蘭）だと、後になって耳にしたからです。彼女は中国と日本、両国での大スターでした。インターネットで偶然にも彼女のドキュメンタリーを見たとき、鳥肌が立ちました。私がまた、どんな偉い人たちの縁に入ったのかと気がついて……。そのとき、彼女の道と前世で交差していたように感じたのです。

新田さんは、スリランカ滞在後、東芝のＣＥＯ（最高経営責任者）に就任しました。東芝ビルの32階にある彼のオフィスに私を招待すると、昔話に花を咲かせ、今でも若い外交官が海外に行く前に、時々指導をしていると話してくれました。そのとき私は、とても特別な日本の人たちと出会えていることを意識しました。そこに、どんな意味があるのだろうと考えることで、日本の社会の役に立たなければと強く願うようになったのです。

ところで、日本政府がアーユルヴェーダを（他の多くの代替医療と同様に）あまり支持・応援していないにもかかわらず、私が知り合った偉い日本人たちは（医学教授や先の大使を含めて）みなアーユルヴェーダの治療法を疑っていませんでした。しかし、彼らは、公には代替医療の素晴らしさを口にしません。そこが他の国とは違います。

たとえば、英国の貴族たちは、ホメオパシーによって何度も助けられたと公言していますし、ロナルド・レーガン元大統領は、占星術を信じていることを隠していませんでした。22年前にドイツの首相だったＨ・コールは、定期的に千里眼の占い師に通っていました。多くのロシアの政治家たちは、神秘的で超自然的な力を信じています。

しかし日本では、これらのことは一般の人々に誤解されているせいか、偉い人たちは嘲笑されることを恐れて一切口にしません。知識や経験があるのだから、なぜそれを他人と分かち合わないのか、残念でなりません。

しかし、この二人の大使は、自由な考え方を持っていました。そして、自分の感覚で行動している日本人との出会いは、この二人に限りませんでした。ひとつ言えるのは、長く海外で仕事をしたり、現地の大学に入ったりする日本人は、地平線が圧倒的に広いということです。そのうえ、非物理的な考え方、及び目に見えない世界に理解が深い（ｏｐｅｎ ｍｉｎｄ＝普通でない考え方を受け入れるのに抵抗がない）立場をとっている人が少なくない、ということです。

つまり〝物知り工場〟（普通の学校）で洗脳されず、自らの感覚を生かしたということでしょう。本当に賢い人は、閉鎖的な日本にいてもつまらないことに早くに気づき、海外に飛び出すのでしょう。外交官などトップに行けば行くほど、そうした人が多いことも事実です。

しかし、ここでは教育の問題や社会の影響はさておいて、ひとつ申し上げておきたいことがあります。今は誰もがスマートフォンを持つ時代です。それは、普段、外交官しか入れない世界が、あなたの手元にあるということ。もっと海外の情報にも目を向けて、あなたの地平線を広げてみてはどうでしょうか？

16. インドの占星術師が未来を読む

大使たちに出会って数年後、私はまだスリランカで仕事を続けていました。その頃、私には様々な個人的な問題が発生し、とても不幸な時期でした。すると、コロンボ市にインドの占い師が来ていることを耳にしたのです。

さっそく探して会ってみると、その占い師はかなり歳をとっており、ヒンディー語しか話せず、通訳がついていました。彼が言うには、インドから「Aghastia-Chronik（アガスティアの葉）」と呼ばれる何百枚ものヤシの葉を持って来ている、多くの人の運命がそのヤシの葉に書かれている、ということです。

私は簡単な説明を受けたあと、親指をインクパッドに押し付けてそれを紙に押すと、占い師はその紙を持って隣の部屋に入り、しばらくすると、古いヤシの葉を持って戻ってきました。彼はヤシの葉を見ながら、私に兄がいるかと尋ねました。答えはノーです。

すると、隣の部屋に戻っていき、違うヤシの葉を持ってくると、私に妹がいるかどうか聞きました。ノー！　彼は、もう一度見てくると言い、もし私の葉がなかったら諦めるしかない、その場合は何も払う必要はない、と付け加えました。

5分後、彼は戻ってくると、今度は、弟がいるかどうか聞きました。答えはイエスですが、疑いが芽生えました。何回も質問していれば、正しい答えに当たるのは当然ではないか……。彼は、「あなたと兄弟との関係はあまり良くありません」と言いました。当たっていましたが、それも特別なことではないから、簡単に推測できるでしょう。なんという時間の無駄……。

「あなたの奥さんはアジア系の人です」。ここで突然、ハッとしましたが、私はそのときスリランカに住んでいたので、誰でもそれを推測できるはずです。彼は「あなたの結婚は長くは続かないだろう」と続けました。これには同意しました。私たちはすでに別れていたからです。しかし、彼の顧客のほとんどは恋愛問題だというので、それも簡単に推測できるではないか。

しかし……。

「お父さんの名前はピーターですか?」

この一言で完全に、目が覚めました。父の名前はハンス・ピーターですが、ほとんど当たっています。彼は再びヤシの葉を見て、「お母さんの名前はイルムガードです」と言いました。言葉を失いました。どうしてそれが葉っぱに書いてあるのか?

すると、彼は微笑んでこう言うのです。
「あなたは幸運です。あなたの葉っぱを見つけました」

それからは、怒涛の如くでした。まず、私はアーユルヴェーダを勉強するつもりであり、それを本にするだろうと読みとったのです。確かに、そのとき私の最初の本が出版されたばかりでしたが、彼がそれを知る術はありません。これで、私は彼を完全に信用するようになりました。

すると彼は、私が前世で何をしていたか、どこに住んでいたか（私は南インドの王子でした）、そして、これからの将来のことまで読み続けました。細かいことは割愛しますが、私は何かにあてられたようにぼんやりしたまま、帰途につきました。それらのことを、まず消化しなければ……。

日本にはすでに、アガスティアの葉の年代記に関する本がたくさんありますが、この経験がなかったら、私は信じていなかったでしょう。ここで私が思ったのは、運命が、そして死の時でさえも決まっているならば、私たちは何も心配することはないではないか、ということです。そして、その運命を変えることはできるのか？できるなら、どのような選択肢があるのか？　と考え続けました。

私の洞察では、病気、結婚、事故といった、人生の大きな出来事は事前に決まっています。しかし、その影響（または障害）をいくらか減らすことはできます。何歳で交通事故に遭うというのが決まっていても、シートベルトをし、エアバッグを装備し、注意深く運転して、良い保険に加入していれば、被害を最小限に抑えることができるでしょう。そうすれば事故が起きたとしても、人生を台無しにすることはないはずです。

人生の出来事は、業（カルマ）なので仕方ありません。しかし、他人のために良いことをすると、良いカルマになります。つまり、生き方によって悪い定めを弱めることもできるのです。これは、宗教とは関係ありません。私は読者の皆さんを洗脳したくないので、どうぞ、ご自分で体験してください。

いずれにしろ、星占いも科学的には説明できませんが、大昔から用いられている占いが人類の役に立たないものであると、果たして言いきれるでしょうか？　もしそうなら、なぜそれらはなくならず、体験的な実証を重ね、今でも存在しているのでしょうか？　そう考えてみると、物事を判断するときに、科学的な説明を必要条件にするのはやめたほうがいいと思うのは、私だけでしょうか？

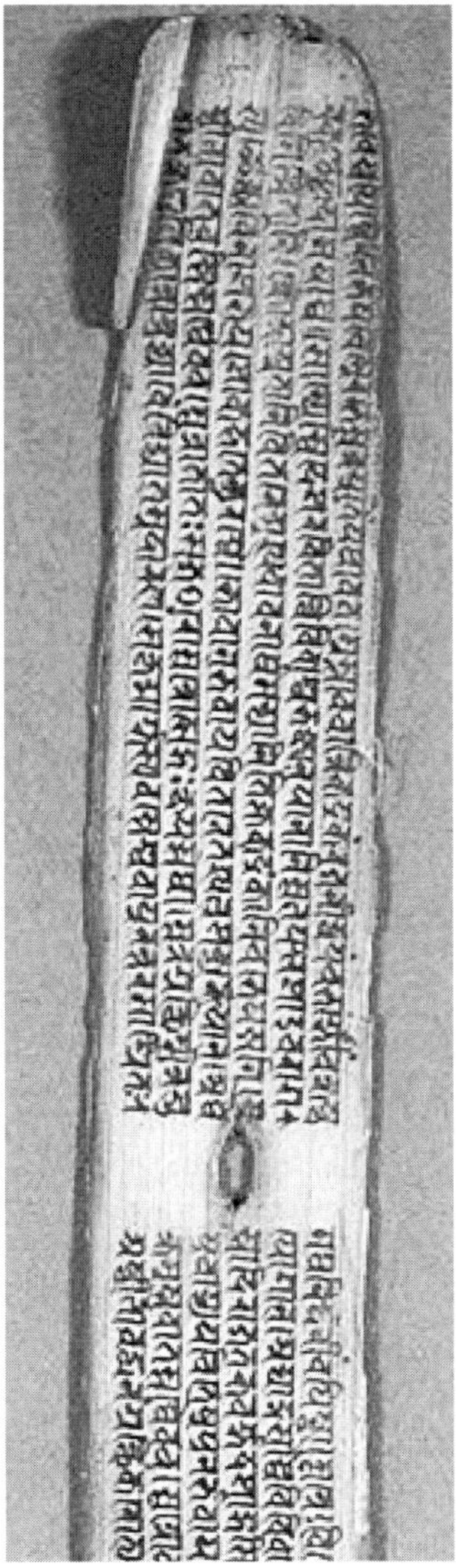

⇧インドのアガスティアの葉。

17. 命の恩人は誰？

この話は、スリランカのキャンディ市で治療センターを運営していた、20年前ほど前の出来事です。その頃、しばしばパンフレットやその他の印刷物が必要となり、コロンボ市にある印刷会社に頼んでいました。やがて、部長であるマヘシュと社長のチャミンダとは親友になりました。

あるとき、久しぶりにマヘシュに会った際に、彼は次のような驚くべき話をしてきたのです。彼の部下である課長のロイドが、ある日、ウイルス感染のため出勤できず、入院させられました。こうした病気はスリランカでは珍しくないので、大した心配はありませんでした。しかし、2~3日後にロイドの妻から電話が入り、夫はもう長くはない、と告げたというのです。それは、会社のみんな、特にその二人にとって、大変なショックだったことは想像に難くありません。

翌日、彼らが見舞いに行くと、ロイドはほとんど口がきけず、ひどくやせ衰え、青白い惨めな顔つきで横たわっていたそうです。医者によると、これは新型ウイルスであり、治療法は不明だということ。血液検査の分析からも、役に立つ情報は何も得られず、最長でもあと1週間、と本人にも伝えたと言いました。

友人たちは車に戻り、胸を詰まらせたまま会社に向かいました。彼らの大好きな仲間はたった30歳なのに、まもなく二人の子どもと妻をこの世に置き去りにするところです。自分たちに何ができるのか、と悩みました。すると、ちょうど教会の前を通りかかりました。仏教徒の二人にとって教会に入ることは初めての経験でしたが、マヘシュは中で祈りましょう、と社長に提案しました。そして、彼らは仲間の回復を真剣に祈ったのです。

3日後、ロイドの妻から電話が入ったとき、マヘシュは葬式への招待だろうと覚悟したと言います。ところが……、ロイドの容態が突然、快方に向かったと妻は告げました。医者にも説明がつきません。4日後には〝死にかけた〟ロイドが回復し、会社に現れて、みんなの心から重い石が取り除かれました。

マヘシュがなぜこの話を私に語ったかというと、仲間の回復はやっぱり祈りと関係があるかどうかを聞きたいということでした。私は3人をよく知っていたので、これが作り話ではなく、事実であることを疑う余地はありません。そのうえ、二人とも仏教徒ですから、わざわざキリスト教の宣伝をする必要もありません。

そこで私は、もちろん祈りの影響がある、と答えました。読者の皆さんの中には、これはただの偶然だと思う方がいるかもしれません。しかし、祈りの力を決して甘く見るべきではないと、私は考えています。重い病気を治せる可能性は十分にあるのです。

その力を誰に借りるのか――神か、アッラーか、イエス、クリシュナ、天使、天照大神か――それは自由です。重要なのは、心を尽くして祈ること。神の力を借りることは、決して外国だけの習慣ではなくて、他でもない日本にこそ、そうした伝統がありました。詳しいことは、また後ほど明らかにしましょう。

⇧すっかり回復したロイド。

18. 最後の悪魔祓い

先のような不思議なことに山ほど遭遇してきた私は、もう驚かされないと思っていました。ところが、同じくスリランカで、髪が逆立つほどの事実を目撃したのです。それは、ジャングルに住むエクソシスト（霊能力を持つ悪魔払い）との出会いでした。彼は地元の人々の間で評判がよく、父親もそういう特殊な力があると言われていました。しかし、英語を一言も話さず、欧米人とは付き合いたくない雰囲気があり、私が初めての外国人客ということでした。

彼を訪問したのは、当時の私には大きな悩みがあり、その出口を教えてほしかったからです。すると、私が口を開く前に、彼は私が連れてきた通訳に、私の心配事を知っていると言いました。答えが既にあったのです。不思議でした。私の家族がその場にいないのに、問題を起こした家族の心を見事に読んでいたのですから。

その後、私は彼と友達になり、悪魔祓いに参加することを許されました。彼の儀式を何度か見るうちに、その真剣さと善意を確信するに至りました。彼は貧乏人からお金を取りません。助けを求めている貧しい人々のために働いていて、きっと大昔の祈祷師もそういう風に「治療」していたのだと理解しました。

また、彼の悪魔祓いの儀式は、「エクソシスト」や「オーメン」のような映画とは比べ物になりませんでした。私はアジアで30年を過ごし、神秘的な分野で多くの経験を積み、多くのことに慣れてきましたが、これは、それらすべてを越えるものでした。

彼は「不治の」女性の周りをトランス状態で踊り、それは女性の意識がなくなるまで続き、悪魔を祓いました。彼女はおよそ25歳。無反応で、何も食べず、何週間も無関心に壁を見つめていたといいます。それが、目を覚ましたとき、元気になっていたのです。彼女は、この数週間のことを何も覚えていないと言っていました。両親は感謝の気持ちでいっぱいになり、その場にひざまずきました。

その後、通訳をしてくれた女性と、コロンボ市でばったり会うことがありました。話題になったのは、やはりあのとき、二人が体験した悪魔祓いの儀式のことでした。それは地元民の彼女にとってさえ、なかなか理解するには難しい経験だったのです。

そして彼女は、その霊能力者が警察に逮捕され、黒魔術の疑いで閉じ込められたと言いました。私は驚きました。あれが、まさか違法だなんて！　証拠がないものを、一体どうやって取り締まるのか、と。

私は考えました。あのとき、この霊能力者のことを聞かなかったら、逮捕されていて会えなかっただろう。彼は本物の悪魔祓いの儀式を行う、最後の霊能力者でした。スリランカには、もはやこんな技を持つ霊能力者は存在しません。もしかして、神は私に証言する使命を果たさせるために、彼のところに導いたのだろうか？　あの奇妙な偶然は、このような世界を大勢の読者に伝えるためだったのかもしれない。もしそうであれば、この出来事は、目に見えない世界が存在している証拠になり得るのではないか？

ところで、スリランカの私の治療センターは順調でした。そこに2週間滞在する日本人もいれば、4週間滞在するヨーロッパ人もいて、雇っていたスリランカ人の医者は、片麻痺のドイツ人が患っていた難しい病気も、すべて治しました。しかし、事態が順調に進んでいたちょうどそのとき、テロ攻撃が次々に起こったのです。そして内戦が勃発し、外国人はスリランカに渡航しないようにという警告が出されました。

私はすべてを売却し、脱出せざるを得ない状況に追い込まれたのです。

そして……。

19. 人の業（カルマ）を見る僧侶

スリランカを脱出することになった私は、タイのチェンマイに移動しました。タイにはコネクションがなく、知り合いもなく、住んだ経験もないのに、なぜかこの発想が突然、浮かんだのです。

そして、ゼロの状態からタイ人を雇って会社を設立し、短時間で治療センターを開設しました。私は知らなかったのですが、チェンマイには7千人以上の日本人が住んでいたのです。私のマンションにも多くの日本人がおり、最高の料理を作ってくれる日本食レストランがあり、私は幸せでした。

ところで、タイのほとんどのオフィスビルと家には、入り口の隣にオモチャのような、もうひとつの小さな家が建てられています。現地の人は、この〝ミニ神社〟の中に土地の霊が住んでいると言います。そこでタイ人は毎朝、線香を焚いて、ご飯と水と果物をそこに供えます。タイ中どこでもこの習慣が残っています。日本とは異なり、タイ人もスリランカ人も、目に見えない世界の話をしても、変な目で見ることはありませんでした。

あるとき私は、「内なる目」で他人の業（カルマ）を見ることができる若い僧侶に会いました。彼には特別な力があるため、悩みを持つ多くの人が彼のところにやって来て、アドバイスを求めていました。彼と私は心が一致したので、すぐにたくさんの深い話ができました。残念なことに、たいていのタイ人との関係で不都合なのは、英語がほとんど通じないことです。だから、私はいつも通訳を連れて行かなければなりませんでした。

しかし、高次の導きのような出来事はさらに続きます。実は、

⇧タイのお坊さんをインタビューする著者。

その通訳者が、かつて尼僧だった千里眼の霊能力者を知っていたのです。今、その人は霊祓いをし、多くの病人を治すという実績を積み、非常に評判がよいとのこと。多くの学びを得られると思うので、一度会ってみたらどうかと提案されたのです。

また、なんと不思議な偶然でしょうか。なぜ私はいつも、特別な能力を持つ人々に会わなければならないのでしょうか？　意図せずともこのような縁や導きが現れ、それに従っていくと、特異な出会いやストーリーが私の前に展開されるのです。恐らくそれは、こうして読者の皆さんに、世に出ていない真実を提供するためかもしれません……。

⇧タイで、ほとんどのビルや家の入口にある“ミニ神社”

20. タイ国の尼さんの話

その彼女の名前はビー。元尼さんで、今は霊祓いをやっていると言いました。彼女によると、人が死期を知り、旅立つ準備をしたり、家族に別れを告げたりする時間はとても大切だということです。それによって、地上に霊が残らないからと。

ほとんどの場合、霊は光に昇り、地上の世界を去ります。しかし、交通事故や殺されるなどで急死した場合、死を迎えた本人は、自分の死に気づかないため、この世である地球を離れることができず、何世紀にもわたって出没することがあります。

⇧タイ国のビー先生は瞑想も教えます。

そうしてこの世に残った霊たちは、家族にしがみつき、肩や背中に座り、自ら〝支配〟した人々の考えに影響を与えるのです。極端な場合、これらの霊は生きている者を全力で彼らの側に引っ張ります。つまり、事故に巻き込んだり、自殺を促したり……。すると、〝支配者〟によってコントロール下に置かれてしまった犠牲者は、だんだんと落ち込むようになり、生きる意志を失っていくのです。

その頃、ある知人からブラジルに住む女性を紹介されました。その女性は、自殺をするつもりで、高速道路を走る車の前に3回も身を投げ、そのたびに重傷を負ったと言います。彼女によると、抗うつ薬は効果がないとのこと。

そこで私は、彼女の写真をビー先生に送って、霊祓いを頼みました。すると、女性に霊が憑いていることを見つけ、頼みどおり、すぐに霊を切ってくれました。霊祓いに距離は関係ありません。2週間後、そのブラジル女性から、寿命が大幅に伸びて生まれ変わったように感じているという報告がありました。本人には何も伝えてなかったのですが……。

あえて申し上げると、私は決して騙されやすいタイプではありません。世界には本物に見せかけた、たくさんの山師がいます。しかし、ビー先生は本物でした。

試しに、彼女に私の家族について、私以外の誰もが知り得ない、いくつかの質問をしてみました。彼女は心の中で私の家族とつながり、その心からすべてを読み取ることができました。

あるとき、ビー先生のところに行った帰りに、こんなこともありました。彼女をタクシーで送っていると、交差点を通りかかったとき、「あいつがまだその辺を歩いているよ」と、外を見て突然言ったのです。一体、誰の話をしているの？　と聞こうとしたところで、ビー先生は「先週オートバイ事故で亡くなった人の霊が、その辺にまだとどまっている」と言いました。後で現地の人に聞くと、確かに交通事故があって、オートバイに乗った男性が死亡したということでした。

また別のとき、ビー先生をコーヒーショップで待っていると、彼女からいきなり電話が入り、「すみませんが、違う店に変更してくれないか」とのこと。後で訳を聞くと、「そのコーヒーショップは霊が多くて行きたくなかったの」と言いました。そのとき思ったのは、霊感にしょっちゅう困っている私より、実際に霊が見える人のほうがどんなに大変だろうか、ということです。その才能のために、普通の人間には伺い知れない苦しみを体験せざるを得ないであろう。決して楽ではない人生を送っているのではないか、と推察しました。

ビー先生によると、おとなしい霊がいる一方で、悪い霊もいると言います。そして、悪魔もいます。悪魔は、気が弱い人を支配して中毒にさせるとのこと（アルコール、麻薬、タバコ、暴力など）。悪魔を祓わないうちには中毒（依存）は治らない、と言いました。

ドイツの霊能力者たちは、こうした依存者を霊祓いによって回復させ、場合によっては、精神科医と一緒に治療します。依存症は、西洋医学の方法では再発率が非常に高く、回復させることができません。しかし、霊の知識を使えば、一体何万人の依存者を助けることができるでしょうか？　その真実をできるだけ多くの方々に知っていただきたいと願うばかりです。

21. バンコク空港内の霊祓い

私がタイで仕事をしていたとき、バンコクの新空港が完成しました。それは、2006年9月のことでした。しかし、開設早々のその新空港では、なぜか次々と不思議な混乱が起き、それらの出来事が人々の間で話題となっていました。たとえば、新しい手荷物コンベアが度々故障したり、水道パイプが漏れてトイレが使えなくなったり、なぜかコンピューターがダウンしてしまったり……。さらには、舗装されたばかりの滑走路がわずか3週間後にひび割れするなど、様々なトラブルが続出するという尋常ではない状況にあったのです。

これは本当に不気味なことでした。何週間もの間、メディアのトップニュースになったほどです。そして、混乱のために新空港のフライトはキャンセルされ、到着後4時間以上も荷物を待つ乗客もいました。タイ人にとっては、国際的に面目丸つぶれの出来事だったと思います。

そこで、空港管理会社は何をしたと思いますか? 信じられないことに、空港が半日閉鎖されて、僧侶たちが呼ばれ、悪霊を追い祓うための儀式を空港全体で行ったのです。それはドイツや日本では考えられないことですが、霊の存在を疑っていないタイでは当然のことでした。少なくとも若者の両親や祖父母の世代は、霊のことをよく知っていたので、当時、このやり方を笑う者など誰もいませんでした。

そして、作戦は大成功。儀式の翌日、霊は消えたそうです。すべてがスムーズに進んだことを地元の新聞が報じ、霊祓い式の僧侶の写真は、多くのメディアのトップを飾りました。

半年後、私がバンコク空港の従業員にこの話をしたところ、彼は、新空港は墓地のあった土地に建設されたと言いました。お墓は適切に移されただろうが、霊のためにきちんと儀式が行われなかったのだろうと。このしっかりとした教育を受けた男が、まるでそれが世界で最も当たり前のことであるかのように説明したことに、正直私は驚きました。

あとで別の新聞記事を見たところ、空港の土地には、元々コブラ蛇がたくさん住んでいたそうです。建築中、蛇がたくさん殺されたので、今回の原因のひとつは、蛇の復讐ではないでしょうか？　実際のところ、蛇がどこまで恨んで怒っているか分かりませんが、儀式の後、問題が消えたことは事実です。

ところで、霊の存在を疑わない民族は、タイの他にも少なくありません。アジアの場合、現代の日本以外のすべての国はそうだと思います。前にも説明したとおり、日本は霊が消えた訳ではなくて、教育が、あたかも国民すべての目を塞ぐように教えているからです。

しかし、霊に関する習慣は、今でも日本各地にたくさん残っています。代表的な例のひとつは、お正月。新しい神（神も霊界に属します）を迎える準備をし、初詣をして破魔矢を買ったりする習慣が、いまだに生きています。残念なのは、そうした風習が形としては残っていますが、中身が消え、文字どおり形骸化してしまっていることではないでしょうか？

神社本庁のデータによると、日本には8万以上の神社が存在しています。その数字を想像すると、神社が存在する意義や役割が、すべて迷信によるものとは到底思えません。やはり、大昔の日本人は神や霊の存在を感じ、そうした場所に神社を建てたに違いないのです。

日本の友達から聞いたところによると、日本でもまだ地鎮祭が行われているといいます。玄関の脇に塩を置いて、悪い霊がお店に入らないようにする習慣も残っています。そこまでするなら、どうして霊を見たり感じたりする人の話を真面目に受け取らないか、と疑問です。霊を信じないならば、神に手を合わせることや塩に、一体どういう意味があるのでしょうか？

ちなみに、仏教に神はいないと多くの人が思っていますが、これは大きな間違いです。なぜなら、仏陀はご飯（ミルクライス）を持って来てくれた少女に助けられたという話が、記録に残っています。あまりにも長い厳しい修行の結果、彼は意識を失う寸前で、生命も危ない状態でした。彼曰く、「神が、その少女の注意を自分に向けて、手を差し出した」――。つまり、仏教の中にも神の話が出てくるのです。

⇧タイ国のお寺で霊能力を持つお坊さんとの出会い。

22. 中間洞察

ここまで私の話について来てくれた読者の中には、作家が霊の存在を洗脳よろしく説得したいのではないか、と訝しがる方もいるかもしれません。もしも、そう考える方がいるなら、それはとんでもない誤解です。私にそのような意図はまったくありません。体験を誇張して語ったこともありません。すべて実際に起こったことを、ありのままに事実としてお伝えしているだけです。

日本人を他の民族と比べたとき、私ドイツ人にとって、いちばん目立った特徴はというと、その「感覚」です。日本人の素晴らしい第六感は、タイ人にも、中国人や欧米人にもありません（例外を別にして）。

この感覚・直感という才能を上手に使えば、信じられないほど生活や人生に役立ちます。難しい決断をするときや人生の道に迷ったときもそうですし、原因不明の病気にかかったときや、他国の代表者を心理分析する（裏を知りたい）ときもしかり。さらには、会社及び人生の方針を決めるとき、または、他人の信用度を評価するときなどに、直感で判断すると間違いはないと言えます。反対に、頭で考えて、考えて、考え抜いた末の結論ほど外れる場合が多いのも事実です。

明治時代に入り、ヨーロッパ式の（特にドイツ式の）教育が日本国内で流布されるようになると、「論理的な思考こそ価値がある」という価値観が、日本人の中に深く根ざしていきました。確かに、自動車や新幹線を開発するために必要なのは、合理的な思考と論理ですが、私たちをとりまく環境を含め、生命現象というのは物質的側面ばかりではありません。

私は日本で座禅を学んだおかげで、霊感が生まれて、何十人もの方々を助けることができました。昔と違って、今の人は、体より心が傷む傾向が強くなっています。ドイツでもこいつでも（笑）、心身症が爆発的に増加して、話題になっています。

しかし、心の病はレントゲン写真では確認できません。現代医学のあらゆる分析器がまったく使えません。ですから、相談に来られる方々の話を共感的、かつ気配りをもって聞くことでアプローチし、感覚を働かせることによって、相談者の抱えている潜在的な原因をつまびらかにし、導くことができるのです。それを私自身が幾度も経験してきました。

前にもお話したように、私のクライアントの中に、お経を聞くだけで重いうつ病が治った日本人が何人もいます。特に効果的なのは「摩訶般若波羅蜜多心経」でした。本当に良い結果が出ていなければ、私はここでそのことを発表しないでしょう。

作り話では何も得ることができませんから。結局、うつ病を治したのは私ではなくて、お経を唱えたお坊さんたちです。

天と地の間には、私たちが理解できないことがたくさんあります。それを、科学的な証拠がないからといって、あり得ないと考えるのは大間違い。それこそ、科学的態度とかけ離れた判断だと思いませんか？（つまり、科学を妄信するが故のある意味、熱心な宗教信者と変わらなくなってしまいます）

不思議にも霊の存在について、私は日本で初めて学びました。素晴らしい禅老師からだけでなく、元妻からも学びました。残念ながら私は彼女を救えませんでしたが、今では他の多くの人たちを助けられるようになりました。

考えてみてください。霊を見たり、霊と会話したりする人が今もいるなら、神々とコミュニケーションをとれる人がいるのは十分あり得ると思いませんか？

これらはすべて宗教とは何の関係もありません。神でさえ宗教とは関係ありません。300年前、人々はより敏感で、より純粋で、より自然に近かったことを思い出してください。彼らの第六感は、化学物質にさいなまれている現代人よりも、はるかに顕著な効力を発揮していました。

私は、古代の日本人が神々を知覚していたと１００％確信しています。昔から神事にまつわることは、必ず力のある場（霊場）に造り、そこで行われていました。今の日本人が、こうしたことを西洋的な理屈に反するからと否定する必要はまったくありません。読者の皆さんは驚くかもしれませんが、ヨーロッパでは、聖母マリアが人の前に現れ、その人の人生を根本的に変えたという多くの事例があります。そのほとんどは無宗教で、教会とはまったく関係のない人物でした。

こうした現象を面白がらせるのは、映画業界と一部のメディアです。それに乗せられてしまった人は、真実であることを嘲笑する一方で、テレビの前に座って、ユリ・ゲラーのショーを見ながらスプーンを曲げようとします。さらに、ＵＦＯを信じたり、あらゆる機会にエイリアンについて話したりします。

私も地球外生命体はいると思いますが、そうした知識は何ひとつ役に立つとは思えません。私たち人間は、解決しなければならない問題を、まだまだ抱えています。しかし多くの人は、現実よりもファンタジーを好むということです。そして、ファンタジーばかり見ていると、現実世界で起きていることを、さらに信じなくなります。

ちなみに、ちゃんとした理解の代わりに、面白い売り物に仕立てるのはアメリカの得意技ですが、日本では一部のアニメに通ずるものがあります。

つまり、スピリチュアルな内容をファンタジーに変化するということ。それによって、子どもたちがさらに誤解させられていくでしょう。

この世の現実には多くの苦しみがあり、人生でそれを解決し、幸せをつかむ時間は限られています。ただ消費するだけの物質主義の世界に陥るか、それとも日本の叡智を見直して、自分の魂のために生きるのか――。自分で選択できるようになっていただきたいと思います。あなたは罠に陥りたいですか？　それとも幸せになりたいですか？

では、私の経験に話を戻すことにしましょう。次のエピソードはドイツでのことです。

23. 祈りで病気を治した日

ある年の冬、私はかつてないほどのひどい胃腸インフルエンザにかかりました。その頃は、ドイツの最も有名な温泉町バーデンバーデンに一人で暮らしていたため、誰にも助けを求められません。トイレに行けるぐらいの力しか残っておらず、最寄りの薬局にさえ行くことができない状況でした。不幸なことに、電話の調子も悪くなり、使えなくなっていたのです。

そんななか、急激に体調が悪化し、下腹部に地獄のような痛みが始まりました。私の体は痛みで痙攣し、屈折します。「ああ、いやだ！　これ以上の苦しみはいりません！」。すでに熱、悪寒、そして心臓の動悸に苦しんでいたのです。しかし、ちょうどそのとき、目の前にあったマザーミーラの本に気づきました。彼女は悟りを開いたインド人であり、遠隔治癒によって多くの人を助けたと言われています。私はその写真に注目し、最後の力を振り絞って、痛みを止めてくれないか、と頼みました。すると、驚くことに3分もかからず、痙攣が消えて、すぐに深い眠りに落ちたのです。

同様に、命の危険にさらされたとき、私はイエスのことを思い出し、彼に向かって祈り、助けられた経験があります。私は宗教や教会とは、まったく何の関わりもないことを強調しておきますが、それでも聖人や天使、神々から発せられる力を何度も体験しました。

これらを「聖霊」と呼ぶか、それともどのような名前を付けるかは重要ではありません。ただ、このようなことは誰でも体験できます。あなたにもきっと、苦しみの中で高次の力に祈り、助けられた経験があるのではないかと思います。

⇧マザーミーラ

24. 一流の霊能力者が現れる

ドイツにいた頃、昔からの知り合いだったある女性に会うと、こんな興味深い話をしてきました。

彼女の娘さんが霊を感じるようになって夜、眠れなくなり、5～6カ月以上も慢性的な不眠症にかかっているというのです。娘は18歳なのに、まるで小さい子どもに戻ったように、寝室の電気をつけっ放しにしないと眠れないと。そして、私をすぐ呼べるよう電話をベッドのそばに置かなければならないと。その彼女は霊など信じていないので、様々な心理療法士のところに通ったけれど、一向によくならなかったと言いました。

そこで、最終手段だと思って、口コミで紹介された霊能力者に相談したそうです。すると、彼はすぐにいくつかの霊を確認し、アパート全体を〝掃除〟してくれて、それ以来、娘さんの不眠はぱったり収まって、眠れるようになったと言いました。この話に興味を持った私は、クロスさんというその霊能者の電話番号を尋ね、すぐに会いに行きました。

日本人の皆さんは驚くでしょうが、ドイツでは、霊能力者（同時に治療家）協会に登録している会員が1万人以上います。登録されていない数は、私の見積もりでは5千人ぐらいおり、合わせると1万5千人になります。この数は、日本人からすると、高度な技術立国ドイツにしては多いと感じるのではないでしょうか。

私の個人的な見解を申せば、このうちの10％（１５００人）は良い仕事をしており、そんなに難しくない問題解決に役立ちます。その１５００人のうち、10％（１５０人）は非常に優れており、自殺念慮などの困難な問題にも貢献できます。さらに、その１５０人のうちの15人は、千里眼（テレパシー）を持っており、自宅から、つまり訪問せずに電話だけで霊祓いなどができます。

したがって、信頼できる才能を持っている霊能力者は、全体の１％（１５０人）しかいないということです。私見では、この中で、本当に世界で最高の霊能者といえるのは、このクロス氏だけです。

彼は今、85歳。もとはボン市の職員として長く勤め、その後、ドイツ連邦軍で将校としての実績を積みました。ところが、ある日、天使が夢の中に現れて、彼の本当の〝任務〟を示唆したというのです。それは、霊に支配された人々の解放でした。

彼はそのとき初めて、自分が目に見えない世界とコンタクトできることに気づきました。

彼によると、5次元に上がれず、地球に縛られたままの霊には、主に二つの原因があると言います。

a）事故で死亡する場合

b）殺人で死亡する場合

つまり突然、死ぬ目に遭うと、本人は自分の死に気がついていないため、霊としてこの世に残り、生きている人に執着するのです。その中には、被支配者の邪魔や迷惑になるケースが少なくありません（悪意なしに助けを求めているケースもあります）。

⇧クロス氏（向かって右）と私の担当編集者（左）と。

霊を被支配者から切り離せる人はいますが、同時に、霊を救える人はごくわずかです。クロス氏はつながりを断ち切るだけでなく、霊を光の中（5次元世界）に送ります。すると問題が完全に解決し、両者とも幸せになれます。そうしないと、霊が新しい被害者を探して、また別の問題を起こしてしまうのです。

ところで、死者の霊と違って、本当に悪質な姿をした存在もあります。それを、ここで悪魔と言いましょう。悪魔を見る人によると、彼らはもともと天使でしたが、あるとき善から悪に落ちてしまいました。破壊的な性質をもち、人間の気（魂）をエサにしています。すなわち悪魔がとりつくと、被支配者は徐々に元気がなくなり、うつになったり、生きる意志がなくなったりします。

ですから、重いうつ病の患者さんにいくら精神薬を与えても、悪魔（あるいは霊）との関係を切らないうちには回復が不可能なのです。これは、世界中の霊能力者が言っていることです。悪魔の最終目的は、選んだ被害者を弱めて、自殺あるいは悪行や犯罪をさせることです。

私が知っている霊能力者の中で、悪魔を引き受ける力があるのは、クロス氏とタイのビー先生だけです（スリランカの悪魔祓いは行方不明のまま）。私はクロス氏と

15年一緒に仕事をしており、カウンセリング中、霊がついていることを感じると、その人の写真と名前を彼に回しています。その成功率は、なんと95％以上。日本人の場合は、「摩訶般若波羅蜜多心経」が効果的なので、お経が効かないケースだけをクロス氏に回すことにしています。残念ながら、彼は高齢のため、ほとんど新しいケースを受けていませんが……。

彼は、霊祓いのためのお金を取りません。なぜならば、もし、この才能を商売に使ったら、それがなくなるだろうと天使に言われたからだそうです。そこで、クライアントはみな寄付をしています。

その〝常連客〟の中には、病院で働く医師が結構います。患者は麻酔下で無意識のうちに死ぬため、霊が病院にとどまり、担当医を支配するケースが少なくありません。霊の影響で、急にイライラして集中できなくなった、心臓がおかしくなった、眠れなくなったという医者たちが、クロス氏に依頼します。そこで彼が霊の執着を切り離すと、すぐに元気が戻るそうです。しかし、この事実が世に出ることはありません。なぜなら、医者たちは霊能力者に頼ることを内緒にしているからです。

ここで、彼に関するトピックをひとつ紹介しましょう。かつて私がクロス氏に紹介した不幸な女性の話です。

彼女は夫が亡くなったため、再婚しました。2度目の結婚はとても幸せで、すべてが完璧でした。しかし、3か月目に入ると、些細なことで議論するようになり、毎日、喧嘩ばかり。突然、夫婦円満が終わってしまったというのです。

この実情をクロス氏に電話で伝えると、彼はすぐに最初の夫の霊がまだそこにいることを見て、嫉妬で新しい結婚を邪魔していると言いました。そこで、クロス氏が霊を光に送ると、クライアントに平和が戻ったのです。数日後、その女性から、結婚生活の問題が完全に消えという嬉しい知らせがありました。

このような興味深い事例をすべて報告していたら、それで一冊の本になってしまうので、この辺にしておきましょう。クロス氏がいつも言うのは、自分の力だけでは足りないので、天使の協力を得ているということです。

特に権力を持っていた人や有名人（政治家や俳優、歌手など）は、死後に霊として地球に残るそうです。ホワイトハウスの中に25人以上の霊を発見して、みな天国に送ったと言いました。その霊たちはみな、アメリカ合衆国の元大統領だったそうです。その他にも、様々な国の王や皇帝の霊に〝会い〟、彼らを光に送ったと言いました。

本人は１００％無宗教ですが、日本の神道の神々について尋ねると、その存在を確認しました。特に天照大神が日本人を〝担当〟していると、教えてくれました。

それぞれの国に守護神がいるので、それらを大事にしなければいけないと、彼は常に言っています。

⇧彼は死者からのメッセージを受け取り、霊と話せます。私は彼を頻繁にテストしましたが、彼は決してミスをしませんでした。彼の言ったことは100%真実であり、多くの日本人を含むうつ病患者を助けてきました。

25. 人気ゴールキーパーが自殺

ドイツに、R. エンケという人気のゴールキーパーがいました。残念ながら、2009年11月10日に自分で命を絶ちました。そのときドイツ全国では、悲しみと同時に、彼がうつ病だったことから、うつ病についての議論が巻き起こったのです。エンケは性格が敏感すぎたのではないか？ または、かかりつけの心理士からもらった抗うつ薬が失敗だったのか？ それとも、周りがもっと早く彼の病に気づいたら良かったのか？ そうした疑問が、すべてのメディアのトップニュースになりました。しかし、もう少し深く考察した記者は、おそらく一年前に重病で亡くなった娘の死を受け入れられなかったのではないか、と述べていました。

私の感覚によると、彼は娘と一緒にいたかったのです。心の奥にある望みが原因だったのです。しかし、このようなケースの場合、本人が必ずしもそれを意識しているとは限らず、その望みがどこから来るかも明確ではありません。つまり、本人があの世にいる娘と一緒にいることを望んだのか、それとも「向こう側」の娘が彼を呼んだのか、それぞれの場合によって違うのです。

もし、娘が向こう側から招いたのだとしたら、その霊を光（5次元世界）に送るしかありません。それを、自分でやるか、霊能力者に頼むか、どちらでも結構です。しかし、最初からそういったことを馬鹿馬鹿しいとか、あり得ないと思っていたら、たとえ一流の霊能力者に出会えたとしても、意味がないでしょう。

自分から娘と一緒にいることを望んでいる場合も、すべきことは同じです。そうした気持ちが生まれるのは、霊がそばにいるためなので、霊を光に送ることで、自然に自分の気持ちも消えるのです。

ちなみに、こうしたケースの例外があります。それは親が小さい子どもを残していく場合です。親は子どもを見守るために、わざとこの世に残って愛を送り、子どもが成人したことを見届けると、自分から去っていくのです。

26. 霊と波動の関係

ところで読者の皆さんは、死者はなぜ霊として残って、ある人に取りつくのか、知りたくないでしょうか？　何人かの霊能力者にこの疑問を投げたところ、こう答えてくれました：

人は死んだからといって、悟りを開く訳ではありません。生きている間、欲深い、嫉妬深いという人柄であったなら、その性質は霊にも残ります。たとえば、亡くなった夫が嫉妬深ければ、妻が新しい恋人と喧嘩するように種をまき、再婚の邪魔をする可能性が高いのです。または、人殺しのヤクザが霊になると、ある人を使って目当ての人に暴力をふるわせたり、気の弱い人を自殺させたりすることもあります。私たちの不幸が彼らのエネルギー（エサ）になる訳です。

ＮＨＫドキュメンタリーの話を思い出してください。戦いで殺された侍たちは、ただ光（あの世の入口）が見えなくなり、その辺を彷徨っていただけで、人間に害を及ぼしませんでした。もし魂の底まで腐った腹黒い悪霊だったら、あの農家を全員、自殺させたに違いないでしょう。

つまり、ただ死んだことに気がつかないで、うろうろするだけの霊がいる一方で、わざと問題を起こす霊もいるのです。一般の人には霊が見えませんが、向こうはこちらを見ることができ、さらに、考えを読み取ることも十分にできます。そうして、自分の考え方に似た人を〝被支配者〟に選ぶのです。

たとえば、クビになった怒りを持っているサラリーマンが死ぬと、霊になって同じ運命に合った男を見つけ、自殺させたり、あるいは、その人の社長を殺させるケースもよくあります。つまり、霊は、被支配者の気持ちを増幅させることができるのです。突然、隣人を刃物で襲ったりする事件がよくあるので、このことを理解できるのではないでしょうか？

こうしたことから分かるのは、逆に言えば、自分の放つエネルギー（波動）が、同じような霊を招くということです。誰でもネガティブな感情を持つものですが、それがより強くならないように気をつけてください。特に元気がなくなって落ち込んでいるときは、精神的な抵抗力が弱まるので、被害者になりやすい状態です。

この予防には、自分の状態（波動）に気がつくことがいちばんですが、それについては後ほど詳しく説明しましょう。

しかし、霊がみんな悪質なものばかりではないことも、ここで付け加えておきます。「花子の話」に出てきたように、助けを求めている霊もいます。

また、死んだときに未完の仕事や研究といった事柄があれば、それを完了させるために、つまり、次の人の手助けをするために霊として残るケースも多くあります。後悔や罪悪感がある場合も、残る理由になるようです。

400年以上もずっとこの世に残る霊がいるので、向こう側には時間は関係ありません。タイ国のビー先生によると、霊の数は生きている人間の3倍だそうです。彼らはこの物理的な世界には戻れませんが、私たちが死ねば彼らに会うことが可能です。だから、生きる気力がなくなった人は、彼らに引っ張られるかもしれません。もし不幸なことが起こったときは、自分の気が枯れないよう、くれぐれも注意してください。

27. 奇跡の目撃者になった！

私の娘が3歳半のときに、大変なことが起こりました。当時、住んでいたドイツの家には、桜の木で作られた3本足のコーナーキャビネット（飾り箪笥）がありました。とても頑丈な重い物で、高さは約2メートル。

あるとき、娘がその前に座って遊んでいました。両開きのドアは大きく開いており、当時の私は本当に大馬鹿者でしたが、それに大きなバスタオルを掛けていたのです。すると、娘が座りながらそれを引っ張り始め、箪笥の重心が徐々に傾いて……、彼女の真上に倒れたのです！

そのとき、私はトイレにいました。ドーン！　と耳をつんざくような轟音。同時に、床が振動し、心臓が止まりそうになりました。彼女のいるところに駆け寄ると、姿が見えません。至るところにガラスと木の破片。彼女は重い箪笥の下で死んでいるか、大怪我を負っているに違いない――。その思いが、私の頭を撃ち抜きました。もしそうならば、私も一緒に死のうと窓から飛び降りる覚悟をしました。

そして、重くて巨大な箪笥を持ち上げようとしたけれど、心臓が脈打ち、手が震えていたので、なかなか上手くいきません。非常に時間がかかった末に、ようやく持ち上げてみると、信じられないことに……

私の宝物はあぐらをかいて座り、無傷で、私を見ていたのです！

箪笥の一番上が、ちょうど彼女にぶつからないギリギリのところに倒れ落ちていました。もし1ミリでもずれていたら、彼女は死んでいたに違いないでしょう。

まさに奇跡でした。私は感謝の気持ちで、その場に座り込むと……、彼女のすぐそばに、高さ1メートルのクリシュナの木像があったのです。このヒンズーの神は、かつて私がインドから持ってきたもので、その木像が彼女を見つめていました。この像の霊が娘の命を救ったと、直感的に理解しました。私はクリシュナの前にひざまずき、心からの感謝を捧げました。

こうした神や天使、あるいは聖母マリアに助けられるという話は、ヨーロッパでは度々あることで、メディアにもよく取り上げられています。〝緊急の助け〟だけではなくて、聖なる存在がいきなり人の前に現れて暗示を伝えたり、目撃者の人生を変えたりする現象もよくあります。その目撃者のほとんどがキリスト教徒ではなく、宗教とは無縁の生活をしている人々です。

なかに、社会的な地位が高い、信頼できる人も少なくありません。彼らはそうした体験のおかげで、今の人生を改めて考え直し、価値観が変わったという話をしています。まるきり違う人生が始まったという発言もあります。

ヨーロッパでこうしたことが現実に起きているのを目にすると、日本人も価値観を見直すときが来ているのではないかと思います。

ドイツ人は何十年も前から東洋的な考え方を真剣に吟味し、たとえば治療法として受け入れています。インド医学のアーユルヴェーダ、あるいはホメオパシーといった目に見えない力に基づいた医療も、その中のひとつ。回復率が圧倒的に高いため、怪しむ必要はないという立場をとっています。

西洋医学の代表者たちも、ほとんど反対しません。つまり、良い結果が得られるのであれば受け入れるという考え方は自然であり、ドイツや隣国にとって当たり前のことなのです。

しかし日本の医学では、いまだに認められていません。昔の日本はそうではなかったのだから、一体どこのドイツが（笑）、決まったこと以外は受け入れてはいけないと教えたのでしょうか？

もしかして、日本の学校教育で、校則以外は信じてはいけないという、頭の堅い〝洗脳〟があったのでしょうか？

⇧ヒンズー神クリシュナの像。

28. ドイツもこいつも悪魔知らず

２０１９年の秋、ストレスが溜まって休憩が必要だった私は、ドイツの黒森にある修道院のゲストハウスに宿泊することにしました。日ごろ、宗教や教会を避けているため、修道院には抵抗がありましたが、そこは静かな美しい環境で、朝食を含めて一泊40ユーロ（５０００円）はあまりにも魅力的でした。案の定、部屋には聖書が置いてあったので、到着すると、すぐにクローゼットの奥に放り込みました。しかし3日後、インターネットの調子が悪くなって、読むものがなくなってしまいました。横になっても眠れなかったので、仕方なくクローゼットから聖書を取り出しました。退屈して、すぐに眠りにつくだろうと思って……。そして、しぶしぶページを開いてみると、次の文章が目に入ってきたのです。

……………………………………………

彼らが湖の反対側のガダラ周辺に到着し、イエスがボートから降りると、男が彼らに向かって走りました。この男は悪魔に支配され、墓の洞窟に住んでいました。男は野性のままだったので、鎖で飼いならすことさえできませんでした。誰もあえて彼の近くに行きませんでした。昼も夜も彼は埋葬洞窟に滞在したり、山の中をさまよったりしました。

彼はイエスに会うやいなや、自分自身をあざ笑うと、大声で叫びました。「私はあなたに誓います。私を苦しめないでください！」。イエスは「あなたは悪魔の霊です！」と言いました。それからイエスは悪魔に尋ねました：「あなたの名前は何ですか？」。悪魔は「私だけでなく、私たちの多くがこの人を支配しています。私の名前はレギオンです」と答えました。悪魔は何度も何度もイエスに言いました：「私たちをこの地域から追い出さないでください」。

それほど遠くない斜面に、大きな豚が群れをなしていました。「あれらの豚のところに行きなさい」とイエスは言いました。すると、悪霊たちはその男を解放し、斜面から湖に下る豚を捕まえました。二千匹の豚はみな溺死しました。

邪魔をされた羊飼いたちは街に駆け込み、何が起こったのかをみんなに話しました。すると多くの人が湖に集まり、確かめました。

彼らは多くの悪霊が苦しめた男を見ました。男は他のみんなと同じように服を着て、イエスの隣に静かに座っていました。そして、一部始終を見た人々が、憑依された男がどのように癒されたか、そして豚に何が起こったのかを話しました。人々は、イエスにここから去るように頼みました。（マーク1：9−20）

私は、自分の目を信じられませんでした。聖書にこんなことが書いてあるなんて……！　混乱したままページをめくると、驚いたことに、今度は次の文章がありました。

……………………………………

彼らが他の弟子たちのところに戻ってみると、大勢の群衆が弟子たちを取り囲み、律法学者たちが彼らと議論していました。群衆はイエスを見るやいなや、大いに驚いて駆け寄り、挨拶しました。

イエスが群衆に尋ねました：「なぜ、あなたたちは彼らと議論しているのですか？」。群衆の一人が答えました：「先生、私は〝おし〟の霊に取り憑かれている息子を連れてきました。霊はどこでも息子を引き倒します。すると息子は口から泡を吹き、歯をくいしばり、体をこわばらせます。それで、あなたのお弟子たちに霊を追い出すように頼みましたが、彼らには力がありません」

イエスはこう言いました：「ああ、何という不信仰な時代であろう。私は、一体いつまで、あなたたちと一緒にいられるだろう。いつまで、あなたたちに耐えられるだろうか。その子を連れてきなさい」。

息子が連れて来られました。すると霊がイエスを見るやいなや、少年を前後に引きずったので、彼は倒れて床を転がり、口から泡を吹きました。

イエスは父親に尋ねました：「いつから、こんなになったのか」。父親は答えました：「幼い頃からです。霊はこの子を殺すために、度々火の中、水の中に投げ入れました。できれば、私たちを助けてください。憐れんでください」。イエスは群衆が駆け寄ってくるのを見て、汚れた霊に言いました。「おしとつんぼの霊よ、私はお前に命じる。その子から出て行け。そして、二度と戻って来るな」

すると、霊は少年を前後に引きずり回し、叫び声をあげて出て行きました。少年はまるで死んでいるかのように横たわっていたので、群衆は言いました：「彼は死んだ」。しかし、イエスが手を取ると、少年は立ち上がりました。

イエスが家に入ったとき、弟子たちは尋ねました：「なぜ私たちは悪霊を追い出すことができなかったのですか？」。イエスは答えました：「この種の霊は、祈りによってのみ追い出すことができる」（マルコ９：標準訳によると14－29）

一体なぜ、こうした文章だけが目に入ってくるのだろうか？　今まで聖書を信じなかった私にとって、これもまた何らかの導きではないのか？　もう一度聖書を開いてみると、次の話が目に入りました。

その夜、太陽が沈むと、村人たちは愛する病人たちをイエスのもとに連れていきました。病人たちの多くは悪魔に取り憑かれていました。悪魔が病人から引き離されると、「あなたは神の子です」と叫びました……。（ルカ4，40－41）

嘘だろう。これは一体どういうことなのか。私は本をクローゼットに投げ返し、「信じられない！」と叫びました。

この一件以来、私に次の疑問が残りました。聖書がそのようなエピソードであふれているなら（読もうとしたらもっとあるでしょう）、なぜキリスト教育を受けたドイツの人々に悪魔と魂について話をすると、「あり得ない」と答えるのか？

彼らの宗教に、こうした力を認める証拠が揃っているではないか？　なのに、なぜ悪魔や霊の存在を推測することが難しいのか？

私は、何年も自分の家族に向精神薬を与え続けた日本人に腹を立てていましたが、母国であるドイツの文化にも同じ問題があるのではないか？

この間、偉い牧師と話をしたときに、そのことについて質問しました。「なぜ教会は霊の存在に関して、皆を啓発しないのですか？」。彼はこう答えました。「教会側はそれを知っているが、一般の人には、あえて知らせずにいます。なぜなら、スピリチュアルのレッテルを貼られることを恐れているからです。一般大衆はスピリチュアルに関するすべてのことを、怪しいとか、変だとか思っているでしょう。〝秘教〟や〝ニューエイジ〟というイメージがつけられたら最悪ですから」。

私が思うのは、霊が出る恐怖映画が何本もハリウッドで作られ、このテーマを面白がらせるか笑わせるかどちらか、という風潮に拍車をかけています。そのようなものばかりを見ると「やはり、霊なんか、あの映画みたいな作り話ではないか」と思われてしまうでしょう。そのような身にならない思考で捉える現実に、意味があるのでしょうか？　アメリカでは、面白そうなテーマを見つけると、深い理解が伴わないまま、商業的に映画化されています。霊的なもの以外にも、侍と東洋文化に関するものもその中のひとつです。

イエスについて一言

イエスは仏陀と同じように、不幸と心の苦しみから自由への道を示した偉大な教師でした。彼はプロテスタントでもカトリックでもなく、宗教を設立するつもりもありませんでした。しかし、教会は権力を求めてイエスを個人崇拝者に変えました。私の考えでは、人々を依存させず、権力を追求することなく、神や精霊の存在を伝えることができたのは神道だけだと思います。

29. 悪魔とは？

なぜ悪魔のような嫌なものが存在しなければならいのか、といつも思っていました。彼らは、私たちの邪魔をし、対象となる生身の人間を不幸に陥れることで何を得るのだろうか？　クロス氏はそれについて、次のように説明しています：

人は神、または天の光（エネルギー）とつながっています。それは、内なる光とつながっているとも言えます。神の力を受けるとき、私たちは精神的な（スピリチュアルな）力を得ます（愛もある意味で精神的な力です）。悪魔は神に背いたので、天からの光や力は受けられません。天の敵になってしまいました。その代わりに、人間のエネルギーをエサにして、強大になろうとするのです。同時に、天への復讐のために、人間と神々のを切ろうとしています。

そのひとつが、私たちに恐れや憎しみを起こすこと。恐れ、怒り、絶望、心配などがあると、私たちの波動が狂い、それによって神とのつながりが切断されてしまいます。そうなった人々は抵抗力が弱まるので、判断を間違えたり、正気でなくなったり、簡単に悪魔のエサになります。すると〝被害者〟は、もはや意識を高めることもできず、悪に対する自己防衛ができないまま、簡単に〝獲物〟になってしまうのです。

はりつけの刑に処されたイエスは、自分が誤って罰せられたことを知っていました。その最大の出来事をはじめとした一連の迫害により、彼が怒りや恨みを持ったとしたら、神（の力）との接触を失っていたでしょう。だから、敵を許すべきだと教えたのです。愛せよと。イエスは仏陀のような偉大な先達でした。しかし、人々が彼を崇拝の対象として悪用し、宗教を作って人類を洗脳してしまったのです。

戦争は、悪魔たちの饗宴の場になります。恐れと憎しみによって神への道が見えなくなり、人間は〝エサ〟になってしまいます。今回のパンデミックも、人々の間に恐怖を生み出すために作られました。それは、悪魔が大攻撃するための準備となります。この攻撃はこれからもどんどん起こってくるでしょう。タイのビー先生も、まったく同じことを言っています（！）

戦争を起こす〝責任者〟は誰ですか？　最終的な〝責任者〟は政治家ではなくて（彼らは単なるにすぎません）、裏にいる悪魔です。しかしながら、すべてを悪魔のせいにするのは、簡単すぎるでしょう。我々、神とのつながりを大事にしない人間にも、責任があります。アメリカ式の物質的な考え方（極消費社会）が、さらに天の導きを阻むので、神への道が見えなくなってしまいました。今、我々がどんな危ない領域に入っているのか、見当がつくでしょう。

⇧聖書によると、アダムとイブは原罪を犯しました。
それは悪魔の甘い言葉に誘惑されて、禁断の実を食べてしまったから。
結局、人類の不幸の元は、操作されることなのです
(全く同じ話がコーランにも書かれています)。

30. 悪魔の作戦

悪魔は霊と同じく、体を持っていません。悪を実行・実現するために肉体、つまり人間が必要です。したがって、誰かを利用して支配するしかないのですが、その誰かが影響されやすい状況や体質であれば、最適な獲物となるのです。

たとえば、ある男が何度も女に騙されてヤケになっているときに、隣の家の奥さんがピアノを弾いたとします。悪魔から見れば、その男は悪を起こすために操作しやすい〝人形〟です。家でピアノを弾いただけの女性が、いきなり隣に住んでいる男に刺し殺された事件のような話は少なくありません。異常な反応は悪魔の仕業です。

何週間も引きこもり中の男性が、毎日アニメを見続けたり、コンピューターゲームをやり続けたりすることで、脳が混乱しやすくなっていると、アニメ制作会社に火をつけさせるのは簡単です（件の京都の事件）。

いきなりピストルを持って学校に現れ、先生や生徒を何人も撃ち殺す少年の事件は、アメリカやヨーロッパでたまに起こります。大きな精神的な問題に陥って、自分をコントロールできない状態は、悪魔が〝おもちゃ〟にしやすい、まさに悪魔にとっての好機となるのです。

悪魔はそうした弱みを持っている人を選びます。ある国や民族に対して憎しみを持っている大統領に戦争を始めさせることは、悪魔にとって簡単です。心が汚れていて、影響されやすい者を、選挙で勝たせることも悪魔の準備です。

大勢を地獄に落とすには、権力があればあるほど都合がいいので、強い意志がないと政治家は悪いように使われます。特に精神的に弱い場合は、すぐに支配されてしまうでしょう。

しかし、政治家が悪魔に利用されると、一方で、社会を守ろうとする天使も現れます。つまり、人間同士だけではなく、同時に「善と悪の戦い」が霊界で行われていのです。

⇧善と悪、天使と悪魔、永遠の戦いでしょうか？

31. 仏陀は変人か？

１９９４年、私がまだスリランカに治療センターを開く前のこと。アーユルヴェーダクリニックに患者として滞在していたときに、忘れられない出会いがありました。毎日、数回、隣の部屋の老僧がいきなり私の部屋に入ってきて、喋り始めるのです。彼は目の治療を受けに来ており、退屈だからと、私に仏陀の教えがどれほど素晴らしいかを話し続けました。

一度それがあまりにも邪魔になったので、追い払うつもりで「あなたの英語は理解しにくいし、今は休みたい」と言いました。しつこい彼は、私がどこから来たかを尋ねました。不機嫌な感じで「ドイツ」と答えると……、なんと彼は流暢なドイツ語を喋るではありませんか。突然、私は目が覚めました。

彼は、ヨーロッパで最初の仏教寺院であるベルリンの仏陀ハウスの創設者だったのです。有名な医者であり、作家でもあるポール・ダールケと友達であり、私よりドイツのことを知っていました。まあああ！　一体どうして私にはこういう出会いが……。この創設者がこのクリニックで私の隣の部屋にいるのは、なぜなのだろうか？

そうして、80歳の老人にもかかわらず、青年のように健康なアソーヵさんと友達になりました。彼は、仏陀の生涯について、普通の本では読めないエピソードをたくさん教えてくれました。なぜなら彼は、梵字で書かれた、古代インドのヤシの葉を保存する図書館に入れたからです。そして、いろんな国の中で、ドイツ人は仏教をいちばん理解している民族だと言いました。基本的にドイツ人は非物理的な民族なのに、その側面を生かしていない、とも言いました。

日本から来たばかりの私は、日本人についても同じことが言えるので、その意見には深く考えさせられました。もともと両方の民族は霊界とつながっていましたが、極端な文明化、産業化のために、非物理的な価値観を失ってしまっているのです。仏陀が今、この世に戻ってきたら、きっと変人扱いされることでしょう。

次の話は、10年前にドイツで起こったことです。その頃、私は霊に関する自分の体験をまとめて、心理士向けの専門誌に記事を投稿しました。しかし、掲載されるとは思っていませんでした。仮にあったとしても、大幅なカットと極端な変更があるだろうと踏んでいました。

ところが、とんでもない！　完全なまま掲載されたのです。批判されるだけ、専門家に笑われるだけ、という私の心配は大間違いでした。今まで書いた中で、最も反応のいい記事になったのです。その後、心理学者や医師、セラピスト、カウンセラーなどから、感謝のメールが届き、それは今も続いています。

そうして評価してくれた読者である専門家からの反応の多くは、他に原因が考えられない場合、やはり原因は霊界から来るのではないか、という同意と共感でした。医療に携わる専門家たちは、同僚や医師会から変な目で見られる心配があるため、こうした話を公にしてきませんでした。しかし、私の記事を読んだ人の中から、霊能力者と一緒に患者さんを診るという心理学者も現れました。うつ病や自殺願望のある人々の治癒率は非常に高いと、彼らは証言しています。

ところで、霊感を持っている人は、霊だけではなくて、神々を感じることもできます。ですから、今の日本人よりも、すごい感覚を持っていた昔の日本人に神々が見えたことを、一度も疑ったことはありません。しかし、神様の存在の何よりの証拠になるのは、次の歴史的事実でしょう。

32. 天照の存在の証拠

読者の皆様、いろんな国に着いて来ていただいて、霊と神々の世界にずいぶん馴染まれたでしょうか？　ここで話がもう一度、天照大神に戻ります。

40年間に渡り、北から南、西から東に旅をしてきた私は、世界一流の癒し師や霊能力者と出会い、天に導かれたり、悟りを開いたお坊さんから学んだり、奇跡を体験したり、天使に目覚めさせられたり、様々な霊の体験をしてきました。しかし、いちばん神々の証拠になるものは、この実際に起きた歴史的事実だと思っています。

約750年前に、チンギス・カンという残酷なモンゴル人の戦士が、アジアの半分を支配的な恐怖に陥れました。彼らが現れたところはどこでも、住民の大規模な虐殺が行われ、服従しなかった人々には最も残酷な拷問が下されました。彼の孫であり後継者であるクビライ・カンは、日本の天皇に降伏するよう手紙を書きました。従えば生かし、何も悪いことが起こらないと。しかし、天皇は相手にせず、応えませんでした。

そこで、1274年、モンゴルの艦隊が約千隻の船に、何千人もの訓練された戦士を乗せ、日本に向かって中国から海を渡ってきたのです。

しかし、上陸するところで突然、台風が発生しました。それによって艦隊の半分が沈没し、モンゴル人は撤退を余儀なくされました。その際、日本は何百人もの武士が命を落としましたが、危機は去ったのです。もしモンゴル人全員が上陸したなら、日本に勝ち目はなかったでしょう。

そのギリギリのところで現れて日本を救った台風は「神風」と呼ばれました。まさに「神の風」が吹いたのです。理屈で考える現代人は、「まあ、偶然だった」と言うでしょうが、続きがあります。

天皇は一度目の来襲の後に、クビライが再び侵攻してくることを知り、神道の長として、他の神職と一緒に日本が救われるように一生懸命祈りました。

すると予想どおり、1281年、モンゴル人はさらに強化した軍力で、再び侵攻してきました。歴史家によると、4千隻以上の船と10万人の戦士だったといいます。最も勇敢な日本のサムライ・武士でさえ、この数字には膝がガクガクしたことでしょう。

しかし、船が日本の海岸に近づいたとき、突然、空が暗くなり、どこからともなく台風が現れて彼らを襲ったのです。艦隊はほぼ全滅しました。再び、神風が日本を救い、その後、モンゴル人は二度と日本を攻撃しようとしませんでした。

日本の天皇がこうした脅威のときに、神々に助けを求めたということを様々なドキュメンタリーから学びました。その熱心な祈りが、10万人（この人数を想像してください）の兵士を乗せた艦隊を沈めたのではないしょうか？

モンゴル人の軍師や戦士たちは愚かではありませんから、彼らが、日本海とその地域の気候を確かめたのは当然のこと。一年のある時期だけ、壊滅的な台風がやって来ることを知っていたでしょう。特に1回目の敗北があったから、二度と台風に巻き込まれないように、軍の占星術師は攻撃に理想的な日を計算したに違いありません。それでも、再び完敗しました。この神風の助けがなかったなら、私は恐らくこの本をモンゴル語で印刷することになっていたと思います（笑）

正直言って私も、このような原稿を書くドイツ人いるとは、なんて馬鹿な奴だ、と読者が思うのではないかと不安になったときもあります。そして、神を信じたいから、この結論になったのではないか、という厳しい自己批判もしました。念のため、一流霊能力者であるクロス氏に電話をして、確認を頼みました。彼は日本のことはほとんど知らないのに、日本の神様は天照大神だよ、と言いました。私は自分の魂に誓って、ここで述べた見解は真実だと申し上げます。

しかし、祈りにそれほどの力があるならば、もっと実用的に、良いように使ってはどうでしょうか？　私の経験によると、他人のために（困っている人のために）祈ると、自分のことだけを願うより、圧倒的に成就率が高いと考えています。同じことが日本でも言われていると友人から耳にしました。どうぞ皆さんも、理屈はさておいて、実際に神に祈りを捧げて体験してみてください。

作：中村麻美

33. 江戸時代：地球上の天国

ここでドイツ人が、日本の皆さんに江戸時代の話を提供するのは、変に思われても仕方ありません。しかし、私から見れば、江戸時代はあまりにも完璧で、強い印象を残した時代でした。それをどうしても皆さんと共有したいので、お付き合いください。

徳川家康が将軍となったのは、権力への欲望ではなく、平和を望んでいたからでしょう。「天下統一が国を強くする」という見識から、大名が互いに対立していては、日本は発展できないと考えていたのです。また、鎖国をし、外国人を入れないほうがよいとも信じていました。

史実から分かるのは、江戸は、短期間で百万人規模の大都市に成長したことです。それなのに、現代の文明国にありがちな、大規模な発展のために様々なひずみが生じて、都市問題が発生した、なんてことはありませんでした。見事な都市計画のおかげで、すべての市民に十分な食べ物、素晴らしい文化、良い住居、そして、優れた下水道システムがありました。当時のヨーロッパでは、「便」の俗語が「窓から捨てる」でしたから、町中、臭くてしょうがなかったでしょう。

江戸の専門家によると、当時の食に関しての研究から分かったのは、1万種類以上もの料理があったことです。『豆腐百珍』という料理本がベストセラーとなり、魚介だけでも数百種類の調理法が考案されました。子どもから高齢者まで楽しめる菓子類が何百種類もあり、江戸の食文化は遠くの地まで知られたといいます。

同じように、職人技の分野では、卓越した傑作が生み出されました。漆塗り、象牙細工、貝細工、墨絵、書道、織物、磁器、建築、家具の製造など、今日に至るまで日本の誇りであり続ける芸術品が、たくさん生まれました。こうした文化の開花の要因となったのは、270年もの間、戦争がなかったということでしょう。

また、江戸の街には女性より男性のほうが50%多かったため、遊郭での大人の遊びも天国のようでした。法的な制限はほとんどなく、性的

なことを隠す今の日本からは想像できないほど、性文化が開花しました。あの頃の多くの春画は、日本全国で賞賛され、皆それを楽しんでいました。同性愛も自由でした。

こうした多様性に富んだ平和な環境のおかげで、武士の刀は錆び始めましたが、大名に仕えるため、侍は毎日何時間も読み書きや算術を学びました。

しかし、天国の時代に終わりが来ます。その素晴らしい時は突然、止まったのです。外国人は入国禁止にもかかわらず、１８５３年、当時の米国大統領フィルモアの命で、アメリカ艦隊が横浜港にやって来ました。

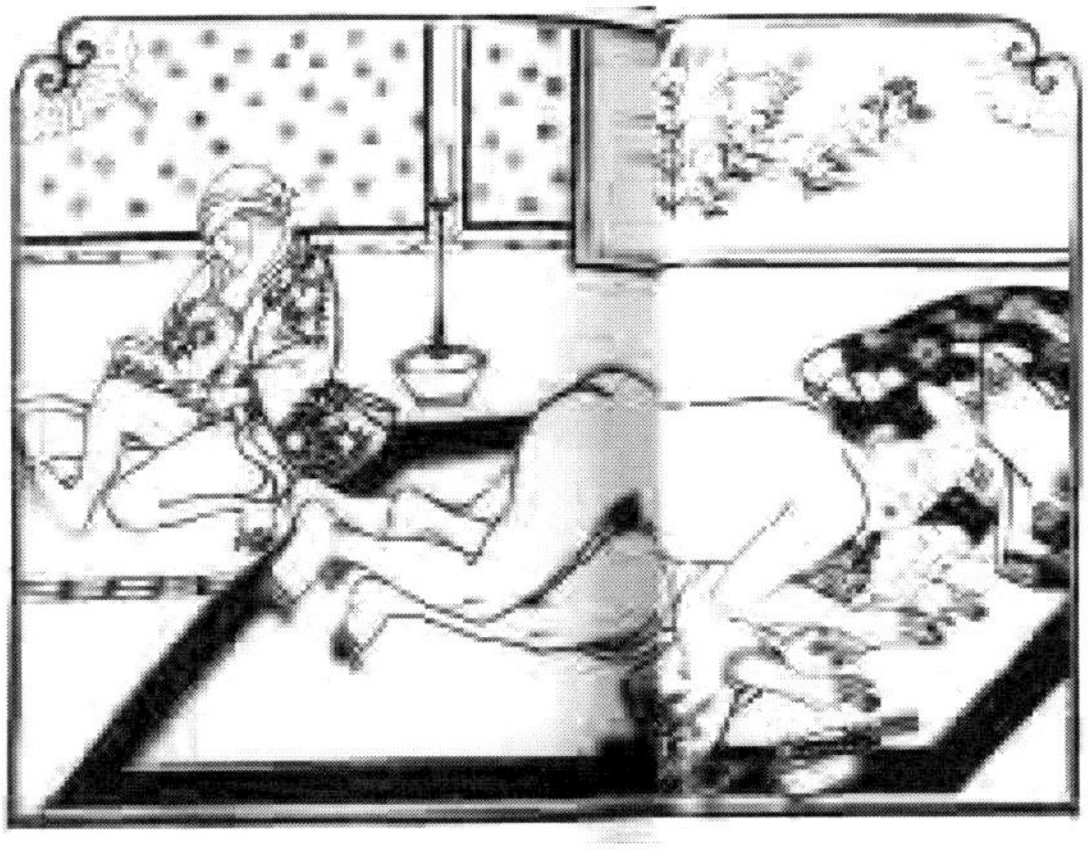

Ｆｉｌｌｍｏｒｅ（フィルモア）という名前は「もっと満たす」という意味です。おそらく彼は自分の金庫を日本の金で満たすか、アフリカ人と同じように日本人を奴隷にできるかを知るために、視察を兼ねた日本との（高圧的な）交渉を意図していたのでしょう。

いずれにせよ、彼は指揮官のマシュー・ペリーを派遣し、4隻の不吉な軍艦を横浜港に停泊させせました。ペリーは徳川将軍が署名するための、英語の契約書を差し出しました。私から見れば日本語でないのは無礼なことですが、彼自身は偉大なアメリカからの偉大な海軍士官であり、一方、相手となるのは、銃を持たない愚かな島民だと思ったに違いありません。

当時、日本への外国人の入国は死刑でした。しかし、軍艦に積まれた大砲を考えると、ペリーたちを罰することは現実的に難しく、考える時間を求めて、一旦ペリーを帰らせました。１８５３年7月８日のことでした。

翌年の１８５４年3月31日、ペリーは再び日本へやって来ました。今度は8隻の船で、「平和と友情の条約」という皮肉な文書を用意してきました。その内容は、日本にとって不平等なもので、まるで脅迫のようでしたが（クビライからの〝親切な〟

手紙を思い出します)、大砲の脅威から将軍は署名せざるを得ませんでした。そして、ここからアメリカは、〝日本侵略〟への道筋を歩むための契機を得たのです。

14年後、豊かだった江戸時代は終わりを迎えました。その後は明治時代(明治＝明るい統治)になりますが、歴史上、他のどの時代よりも〝暗闇〟の時代だったと思います。日本の政治家たちは、西洋の「文明」に目がくらみ、その進歩に追いつこうと努めました。彼らは、西洋のような強力な軍事技術があれば、身を守るだけでなく、他の国を征服できることにも気づきました。

平和から地獄へ、調和から残酷へ――。そこから誇大妄想狂が君臨し、それが後にアメリカとの戦争と原爆投下につながっていくのです。

34. 気になる事実

750年前、モンゴルから襲来した侵略者の圧力は、アメリカの8隻の船よりも、はるかに大きいものでした。しかし、今回の日本の〝責任者〟は、神々に助けを求める代わりに、その軍事力を恐れて、危険な条約に署名してしまいました。その日から、平和で天国のような江戸時代が終わり、すぐに極端な西洋化が始まったのです。日本人のDNAの記録にある在り方とは相反するドイツ式の教育を取り入れ、アジアとアメリカとの戦争が始まりました。戦後は、激しい国際競争に仲間入りし、経済最優先の価値観に代わり、おかげで、うつ病、過労死、引きこもりなど、あらゆる心の病や自殺が大量に発生しました。そうした心の問題は収まるどころか、これからも爆発的に増加し続けることが予想できます。

あのときの選択は間違いだったのか？　鎖国を守ったほうがよかったのだろうか？　戦争は本当に必要だったのか？　これらを論議し始めると切りがありません。しかし、これだけは言えます。恐れがあるときの判断は、大体において失敗につながります。私から見れば、本当の敵はアメリカ軍ではなくて、日本の「恐れ」でした。恐れているときは、「感覚」が働きません。そして、もうひとつ。人間の力を超える危機に遭遇したときは、神々から力を借りることが第一です。もちろん我々の実力と努力も必要ですが、悪魔が問題を起こすならば、理屈では勝てない場合があるのです。そのとき、神の存在を忘れたなら、悪い結果になるのは明白でしょう。

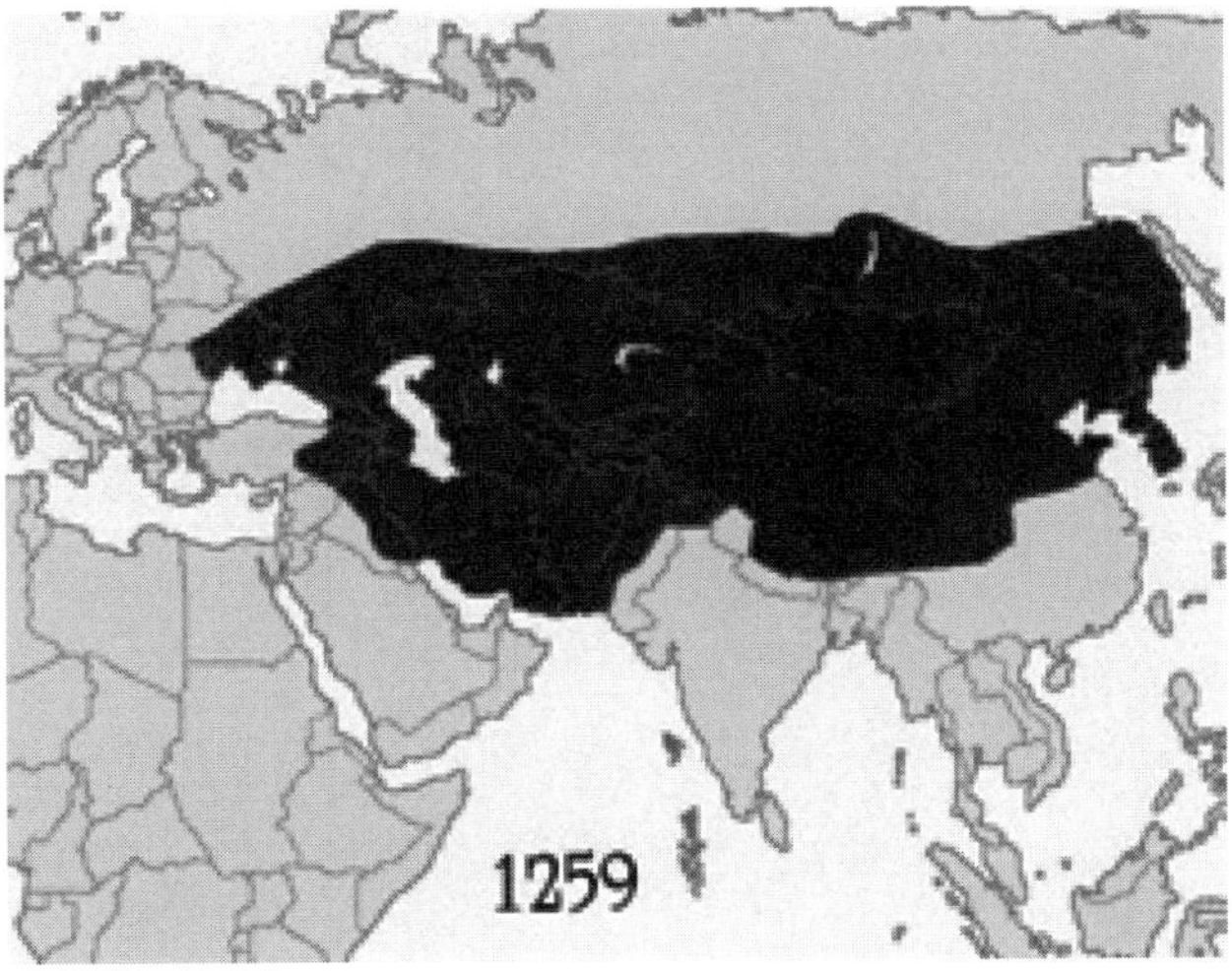

上は1260年頃のモンゴル帝国の地図です。アジアの半分に広がっています。歴史家は、チンギス・カン政権下で亡くなった人の数は、世界大戦全体を合わせたよりも多いと主張しています。天照大神が助けに来なかったら、モンゴルの戦士たちは簡単に日本を占領できたでしょう。日本人はこの神のおかげで今日存在しているのです。

35. 大和語の叡智

日本語の「神」と「紙」、そして「髪」が同じ発音であり、そこに共通点があることに、昔の人は気づいていたのではないかと思います。

東洋哲学者からの学びによると、髪は人間のアンテナである、つまり髪によって直感が高まるということ。全世界の兵隊たちが髪を短くさせられるのは、結局、命令以外のことが頭に入らないようにするためでしょう。翻って、昔の日本女性が出来るだけ髪を伸ばして、髪の手入れのために時間をかけたことには、そのような理由があると思います。そうであるならば、アメリカ風に髪を短くする女性は、神から遠ざかるのではないでしょうか?

トム・クルーズの出演した映画『ラストサムライ』に、こういうシーンがありました。横浜に来た侍が巡査につかまれて、皆の前で髷(まげ)を切られるのです。なぜなら、明治に入って断髪令が施行されたからですが、それによって日本人の髪とともに、神への接続も切られたのではないか……。それは悲しくてたまらない出来事です。

神社には、紙垂《しで》という白い紙を折ったものが飾られています。なぜ白い紙を飾るのか？　真っ白い紙に何をを書くかは、感覚の成す業であり、ひらめきから生まれるものです。つまり「神が筆に降りる」といわれるように、それは〝神々の言い分〟でもあります。筆自体も髪で作るものがあるように、白い紙に筆で何かを書くことは、神に近づく、あるいは神とつながる行為だったと思います。

それだけではなく、昔の日本人は漢字の使い方と書き方が素晴らしいものでした。ここで私がよく思うのは、「漢字」と「感じ」は同じ発音です。つまり、紙に書いてあるものを〝読む〟のではなく、直感があれば〝感じる〟ことができるのです。昔の人の叡智はなんて素晴らしいものだったでしょう。

残念ながら、現代では日本語の中に変なカタカナ語の割合が非常に増えており、意味を感じることができなくなりました。漢字の意味が心で分かるという時代から、頭で理解する理屈の時代に変わったのです。神々の世界は理屈ではなくて、勘で分かることですから、神々からの暗号がますます読み取れなくなっているのです。

もうひとつ最後に、今までとは違う「かみ」の話をしましょう。現代の日本女性は男性と平等の権利を主張しており、結婚したら「マイワイフ」や「パートナー」といった呼ばれ方を好むようです。しかし、昔のように「かみさん」と呼ばれたら、女神になれることを見逃してはいないでしょうか？　こんなに崇拝される呼び方は、全世界のどこにもありません。

鏡にも「かみ」という言葉が入っていることから、鏡に映るものは、神々からの言葉ではないでしょうか？　つまり、鏡に映る自分を見ることは、自分の内面を見ることであり、それは〝内なる神〟を発見するのと同じです。これほど深い哲学は他にはないでしょう。日本のアメリカ化にさらに心が痛みます。

「第九」の作曲家の驚くほどの洞察

「本物の芸術作品は独立しており、芸術家自身よりも重要だ。芸術品は誕生の瞬間に神の世界に戻り、それは芸術家の中に神との接点があることを証明するだけのために存在する」—— ベートーベン

この有名なドイツの作曲家によると、芸術とは、神の存在を証明するものです。ひらめきは、別の言い方をすれば、芸術を通して神を働かせるということです。あいにくドイツでもそれを理解できる、あるいは、これほど深く考える人がごくわずかになりました。アメリカ風の表面的な文化と"価値観"の影響でしょう。私は日本も同じ運命になってほしくないと考えています。

36. 理屈の弱点

霊を感じるためには、「感覚」あるいは「第六感」が必要になります。しかし、その「勘」が、理屈や理論的な考え方に置き換わってしまうと、どうなるのでしょうか？それを次の話で明らかにしてみます。

戦争によって完全に荒廃した日本は、戦後、米国の「同盟国」、つまり「顧客」になりました。米国は次々にタバコ、コーラ、ジーンズ、ファーストフードを導入させ、さらに、日本人にとって慣れていない「論理に基づいた考え方」を押しつけました。

その代表的な例が、アメリカの科学者が、カルシウムは子どもの骨を作るのに重要である、と日本政府に説いたことです。そのうえで、アメリカの牛乳に含まれるカルシウムは、まさに最適なものであると言いました。日本人が7千年もの間、魚や卵、緑茶、根菜などからカルシウムを摂取し、乳製品を消化したことがなかったという事実は無視されたのです。昔の日本人の骨は、乳製品がなくても、身体的に十分な強さがありました。武士を見れば分かるでしょう。20キロの鎧を何時間も身につけて戦っていたのですから。

しかし誰も、アメリカの科学に異を唱えなかったので、日本は今でも大量の粉乳（ミルクパウダー）を輸入しており、65年間、学校で提供し続けています。〝おかげで〟日本の子どもたちは成長が速すぎて、骨が弱くなっています。遊んでいるときに転んだだけで骨を折るという事故が、急に増えました。

牛乳を遺伝的に消化したことがない日本人の腸は、そのカルシウムを適切に利用することができません。さらに、アジア人の腸は西洋人より長く、植物性タンパク質の消化に適しています。あの戦後の時代に、もし誰かが人間を全体的（ホリスティック）に捉える考え方をしていたら、そして、昔の感覚的な考え方で状況を判断していたなら、こんな失敗は起こらなかったでしょう。

こんな話もあります。それは約150年前、英国人が日本の「飛脚」に、肉を食べるように忠告したときに起こりました。飛脚は、重要な手紙や品物を数十キロも走って運ぶ〝マラソンランナー〟です。その飛脚が言われたとおりに肉を食べたら、翌日は数百メートル後に疲れ果て、倒れてしまったといいます。彼の消化器官は肉を知らず、これまで玄米からタンパク質を摂っていたからです（玄米のタンパク質含有量は牛肉とほぼ同量）。

日本人はアメリカの科学より、自分たちの智恵が劣っていると感じています。カルシウムの理論に反対して、祖先のように人間を全体的に捉えていたら、あるいは直感に導かれていたなら、今の子どもたちも武士の時代と同じくらいに強かったでしょう。私から見れば、世界で最も平均寿命が長い日本人に食べ方を教えるなんて、アメリカ人の行為は笑止千万です。

もちろん、論理的な考え方にも利点がありますが、昔から伝わる知恵や感覚を使ったほうが、社会全体の平和につながるに違いないと私は考えています。

最後にひとつ、少し辛口の意見を申し上げておきます。日本の価値観が急速に変わってしまった原因を見ると、確かにアメリカからの影響や圧力が大きかったと思います。しかし、そうであったとしても、反対運動や反対する教育がなかったことが、日本の大きな弱点ではないでしょうか？

本書では、アメリカからの悪影響についていろいろと述べてきましたが、すべてをアメリカのせいにしている訳ではありません。結局、それを許して、日本と違う価値観を優先してきたのは、日本だったのです。なぜ、独自の価値観をもっと大切にしなかったのか、私は非常に残念に思っています。

ドイツも戦争に負けたせいで、少なくとも日本と同じくらいアメリカに叩かれました。しかし、ドイツらしい根源的な考え方は守ってきましたし、アメリカの変な影響が及ばないよう気をつけている政治家もいます。

ですから、日本も決して遅くはありません。まず、神々と共に生きてきた自国の文化、そして、日本人特有の「感覚」という才能を見直し、理解することから始めてはどうでしょうか？　あの政治家が……、日本という国は……、アメリカが……と意見するのもいいですが、自らの行動変容が先決です。

⇧ある日本の歴史家が、明治の女性が60kg の米袋を頭に抱えている白黒写真を見せてくれました。おそらく、アメリカでそれができる女性はいません。

37．霊界と交流した博士

霊の研究は、欧米ではかなり優れています。なかでも評判が高いのは、ウィックランド博士（1861年～1945年）です。彼はスウェーデン生まれの米国精神科医で、国立精神病学会の研究機関で働いていました。権威があり、信用に値する医師でした。その彼が、治療の過程で霊界に興味を持つようになり、妻と交霊会に出席するうちに、妻のアンナに霊媒能力があることに気づいたのです。

そして、妻を霊媒とし、霊界と交信しながら精神病の治療を行うようになりました。人間に憑依している霊は混乱していて、自分の死を認められないため、生前の話を聞くなどして説得したといいます。複数の霊が憑いている場合は、何回も治療を行いますが、どの場合も除霊がすむと、患者は元の人格を取り戻して元気になったと報告しています。

⇧ウィックランド夫妻。

詳しく知りたい方は、ウィキペディアをご覧ください。欧米では、このように博士号を持つ医師や研究者が、この分野を真面目に研究しており、いろいろな形で証拠を提供しています。こうした研究に興味がある方は調べてみることをお勧めします。博士の著書は『Thirty Years Among the Dead（30年間、死者とともに）というとても有名なもので、研究結果とデータのすべてが細かく記録されており、10か国語以上に翻訳されています。日本語版のタイトルは『迷える霊《スピリット》との対話』。

最後に、皆さんにひとつお願いがあります。「摩訶般若波羅蜜多心経」を聴いて、良い結果が得られたという方は、是非その体験をお知らせください。私は研究のためにそうしたデータを揃えていますので、ご協力いただけたら幸いです。

38. 日本からの発表

２０２３年12月20日、株式会社Ｔ主催の講演会が東京で開催されました。参加者は20名に加え、オンラインで約30名。講演者は、降矢英成医師、クリスティン・ペイジ博士、そして私でした。ペイジ博士はイギリスの有名な大学を卒業し、日本を含むいくつかの国で講演を行っています。彼女のスピーチの内容は次のようなものでした。

霊は確かに存在します。私自身、霊との個人的な遭遇を何度も経験しました。多くの車が行き交うトンネルの前に現れる霊がおり、それは昨年そこで事故死した男性の霊だと確信しています。また、17世紀に首を切られたイギリスの女王が、時おり幽霊となって現れます。頭なしで…。

ペイジ博士によると、霊は生きている人の首から体に入り、そこに留まります。その入り口の反対側には声帯があり、そこはチャクラでもあるため、彼女は霊を祓う自分の方法を「チャクラヒーリング」と呼んでいます。（注：おそらくこれが「お経」を唱えると霊がいなくなる理由かもしれません。霊は入ったところから出ていくので）

彼女はこのセラピーをクライアントに提供しています。日本では、1回のセッションが1時間、4万円。実際に役に立つかどうかはわかりませんが、いつも予約でいっぱいです。ペイジ博士は、この世には想像以上に多くの霊が存在すると述べて講演を終えました。

降矢医師の講演での立場は中立でした。彼はペイジ博士の理論を疑いませんでしたが、聴衆にそれを信じるように勧めませんでした。代わりに、心を広く持ち、そうした理論を許容することを提案し、以前の日本では人々が霊について話し、霊祓いに行くことに何の問題もなかったと述べました。本当は、彼がもっと深く語りたいのではないか、と私は感じましたが……。霊の存在を信じることが、医師としての評判を落とすと心配したのでしょうか？　それとも、医師会を恐れたのでしょうか？

しかし、降矢医師は神道を信じています。一度、彼を伊勢市に誘って、伊勢神宮に行ったことがあります。彼は、日本における神の存在に疑問を抱いていません。私から見ると、彼は自分が認めている以上に理解していると思います。しかし、彼も例外ではありません。私は日本で自分の立場やイメージを気にして、幽霊や精霊との個人的な体験について話すことに消極的な医師に何度か会いました。

唯一の例外は、橋本和哉医師です。彼は霊について話すことを恐れず、『医者《ドクター》が語る霊障』というタイトルの本も書きました。この中で、彼は私たちの健康に対する霊の影響について詳しく説明しており、悪霊に取り憑かれるとエネルギーと健康を失うと述べています。私は、自分の発見との類似点を数多く見つけることができました。

しかしながら、本人によると、お母さんもおばあさんも霊感を持っていたので、そういう存在を疑わない環境に生まれたというのが現実です。つまり、霊なんか馬鹿々々しいという教育を受けていません。普通の人も周りから洗脳されずに、自由に考えることができたら、もっと悪霊対策が可能になるでしょう。一度、あるプログラムに入ってしまうと考え方が固まって、感覚が働かなくなってしまいます。今ここで自分を振り返り、分析してみてください。

この世界に対するあなたの理解は本当に自由ですか?

39．有名なスイス人医師の報告

ヘルマン・ヘッセとA.デュナン（赤十字創設者）の次に有名なスイス人といえば、医師のE.キューブラー＝ロスさんでしょう。彼女は国際的に知られた医師、心理学者、緩和医療の研究者であり、アメリカのいくつかの大学から20の名誉博士号を授与されました。また、70以上の国際的な賞を受賞し、TIME誌によって20世紀の最も偉大な科学者 １００人の1人にも選ばれ、25冊の著書は40カ国語に翻訳されています。その中の自伝『The Wheel of Life』から、最も面白い事実をここで引用して、ご紹介します。

……………………

死に臨んだ患者さんは、ある種のトンネル、または門を通過し、守護天使（守護霊）と共に出口に近づくと、輝く光を見ます。そして、この光から放たれる、強い暖かさとエネルギーを感じます。この無限の愛を、ある人は神、あるいはキリスト、あるいはお釈迦様と呼びますが、これは決して宗教とは関係ありません。

……………………

科学の世界で頂点を極めた医師が、天使の存在を明らかにするとは、なんということでしょう！　しかし、より驚くことが自伝の中の「証拠」という章に書かれています。それは、キューブラー医師が夫（彼も医師）の新しいカメラを密かに借りたことから始まります。

…………………

ホテルの部屋に戻り、私は夫のカメラを取って、車で森の端にある牧草地まで行きました。そこに空き地を見つけて座り、カメラを見ると、フィルムは３枚しか残っていませんでした。１枚目で、森のある丘を写しました。２枚目を写すときに、大きな声で『もし私に守護天使がついているなら、私の願いを聞いて、今、正体を見せてください！』と叫びながらシャッターを押しました。最後の写真は失敗しました。

…………………

1ヶ月後、彼女がシカゴの自宅にいると、夫から電話が入りました‥

……………………

「僕のカメラを使ったでしょう！　フィルムを現像したら、最後の写真に二重露光があったよ、駄目じゃないか！」。突然、私はあのときの実験を思い出し、興奮してすぐ家に帰るように夫に頼みました。

もし自分の目でその写真を見なかったら、信じられなかったでしょう。最初のショットには、空き地と森が写っていました。２枚目は同じシーンでしたが、前景には背が高く、頑強で、厳しい目をしたアメリカインディアンの姿が写っていました。彼は腕を胸の上で組み、真っすぐカメラに向かっており、真剣な表情で私を見つめていました……。この写真は、私が一生大切にするもののひとつになるに違いないでしょう――。

……………………

これを読んで、私は思いました。この世界的に有名な医師が自ら撮った写真で、守護天使の存在を報告しています（彼女は宗教に縛られていません！）。残念ながら、このあと起こった家の火事で、彼女の財産は全焼しましたが、火事がなかったら、この証拠写真は世界中に広まったに違いないでしょう。もしかして、霊たちが「まだ早い」と判断し、そうならないために、火事を起こしたのかもしれません……。

以上の事柄を別にしても、彼女の発表は恐らく信頼できるはずです。なぜならば、彼女は決して、センセーションを読者に売り込むタイプではないからです（私も同じ）。そして、このように信頼できる医師たちが（先ほどのウィックランド医師も含めて）、霊の存在を報告しているのに、なぜ現代人がその存在を認めないのか、ということが疑問です。

私は、読者に興奮や陶酔感を与えるつもりはありませんし、霊の存在を地球外生命体やＵＦＯなどのジャンルに入れて欲しくありません。大切なのは、みんなの周りに悪魔や悪霊がいるならば、良い霊もいるということです。その良い霊、あるいは守護天使の存在に目を向けたらどうでしょうか？

つまり、我々には選択肢があります。これからの人生を、悪い霊ばかりに注目して恐怖に陥るか、それとも良い守護霊（または守護天使）に注目して光に導かれるのか――。話を日本に戻すと、強大な敵を撃退するほどの天照大神がいるならば、困ったときに、その神に祈ることは決して無駄ではないでしょう。

ドイツではほとんどの人が、神、あるいはイエス、あるいは天使という言葉にはキリスト教っぽいイメージがあるため、あまり使いたくないと考えています。

ドイツ人は教会の洗脳にはうんざりしていて、日本人と同じく、宗教的なことに反感を持っています。したがって多くのドイツ人は「宇宙の力」、または「エネルギー」といった中立的な言葉を選ぶようになりました。

こうしたことを見ても、霊や守護霊の存在を、宗教だから迷信だからと避けるのではなく、そうしたことと切り離して再考すべきだと思います。なぜならば、それが、我々の人生と健康に強い影響力を持っているからです。

40. 霊祓いの秘密

運がいいことに、憑りついた霊を祓える人が、まだ世の中にはかなりいます。しかし、霊を祓うとその被害者は楽になりますが、切られた霊は違う被害者を探して憑りつきます。だから、ただ断ち切るだけでは完璧な霊祓いとはいえません。先に述べたドイツのクロスさんの方法は、なるべく霊を光（＝天国）に送るよう行うものです。しかし、自分の力だけでは不十分なので、天使に力を貸してくれるよう願いながら行うといいます（こうした限界は他の霊能力者にも当てはまります）。

そのとき力を貸してくれるのが、主にミカエルという大天使です。このミカエルは聖書の何カ所にも登場しており、その姿はヨーロッパ中の教会に描かれています。そのため、右手に青い光を放つ剣を持ち、自らも金と青色の光線を放つ姿は、誰もがすぐに思い浮かべられます。代わりに、イエスキリストの力を利用して霊祓い（＝天国に送る）をする人もいます。イエスの像も全世界の教会にあるので、あの「十字」の形をすぐにイメージできます。

反対に、日本の天照大神には、はっきりとした像がありません。神社に神々が具体的に描かれることがほぼないため、想像するのが難しいのではないでしょうか。

先に紹介したDr.橋本によると、天照を想像しながらそこに向かって気を送ると、天照から霊を癒す気が下りてくるといいます。その気を吸収してエネルギーが高くなった霊は、自ら霊界に戻っていきます。私はそれを行うときに、本書にある天照の絵、または天照のポスターが役に立つと思っています。そうしたものを利用し、具体的な姿を思い浮かべながら試してみてください。

もちろん天照に縁を感じない読者は、イエスキリストでも、あるいは観自在菩薩（観音様）でも、他に縁を感じる神々の力を借りても構いません。この方法は宗教とは無関係なので、何らかの宗派の信者になる必要もありません。そして言うまでもなく、この方法は霊祓いだけのものではないので、他に困っていることがあれば試してみることをお勧めします。

41. 予防が第一

いろんな専門家から学んだとおり、そして、先に明らかにしたように、邪魔な霊とのつながりは、主に私たちの波動と関係しています。つまり、私たちの心の状態が引き寄せるということです。

前の話に出てきた明美さんは、純粋な心を持つ女性でした。それが、彼女が罪のない子どもたちの霊を引き寄せた理由でした。ある私の知人は、人に決して悪いことができない、良い考えしかない女性です。その彼女は専門家ではないのに、天使を見る才能があります。

しかし、あいにく、ほとんどの人（私も含めて）は心に多少の汚れを持っているでしょう。それは、他人に失望させられた経験などから発生し、ネガティブな経験というのは、たいがいの場合、愛と関係があるものです。

たとえば、焼きもちを焼きやすい女性は、生きている間、ひどく男性に失望させられた霊を招きます。ネガティブな波動を放つことで、同じ波動を持つ霊を招いてしまうのです。

日本は比較的、悩みを外へ放つより、我慢して、それを飲み込む社会です。しかし、それで問題が消える訳はありません。問題を常に自分の中に抱えているので、そうした波動を〝放送〟することになり、その感情を強める霊を招いてしまうことがあるのです。

これは決して笑い事ではありません。悪い波動がどんどん強くなり、それを解決しないままでいると、いつ爆発するかは時間の問題です。

その爆発には2種類あります。ひとつは自分の中への爆発で、神経痛、あるいは何らかの病気、そして自殺。もうひとつは外への爆発で、他人への攻撃となり、暴力的な行為をとるようになります。暴力団体や暴走族がどのような波動を発しているか、そしてどのような霊（悪魔）が憑いているか、おそらく想像できるでしょう。反対に自殺率の高い日本では、どうしたら霊の憑依を予防できるかを、真剣に考えるべきではないでしょうか?

こうして見てくると分かるように、私たちの出している波動が、幸福を得るための〝合鍵〟です。霊能力者がみな言うのは、「愛情がいちばん強い波動を生む」ということです。その中でも最強なのが、「無条件の愛（期待のない愛）」。

しかし、誰もがこのような愛を理解し、実践するのは難しいものです。どうやって無条件の愛を実践できるようになるかは、昔の有名な作曲家が教えてくれました。その方法が『第九の秘密』という本に書かれています。この本の内容は、クラシック音楽とは関係ないので、「愛の秘密」というタイトルのほうが当てはまるくらいです。

この有名な作曲家は、「神＝無条件の愛」という素晴らしい洞察を得ました。したがって、無条件の愛（無限の愛）さえ自分の中にあれば、宗教はいらないと考えたのです。しかし、それは当時の教会にとって危険なものでした。キリスト教や神父が不要になったら、権力が危ういではないか。だから、そのような発想を絶対許すことができませんでした。

そこで、ベートーベンは彼の得た導きを歌詞の中に隠し、暗示させるしかなかったのです。紹介した『第九の秘密』が、その愛情への暗号を解読しているので、ぜひご覧になってみてください。

ところで、作曲家は愛の秘密を歌詞の中に隠しただけではなく、交響曲そのものに、聴き手の波動を変えるような効果を入れました。なぜ、それを聴きながらたくさんの人が涙を流すのか、その理由がここにあります。

ドイツでは精神科が、この曲をうつの患者さんに勧めるケースもあります。皆さんも本を読んだ後、改めてその理解のうえで『第九』を聴いてみてください。ベートーベンは耳が聞こえないという状態で、最後の力を振り絞り、すべてをこの作品に注ぎ込みました。そして、初演後、まもなく死を迎えました。

⇩ワニブックスから出版されている著者の本。

楽聖・ベートーヴェンが歌詞に隠した真実
交響曲「第九」の秘密
マンフレッド・クラメス
「第九」が日本で初めて演奏されてから約100年
10億人が聴いた"歓喜の歌"の真実が、ドイツ人研究家によりいま初めて明かされる！
ベートーヴェンは何を、どこに隠したのか?

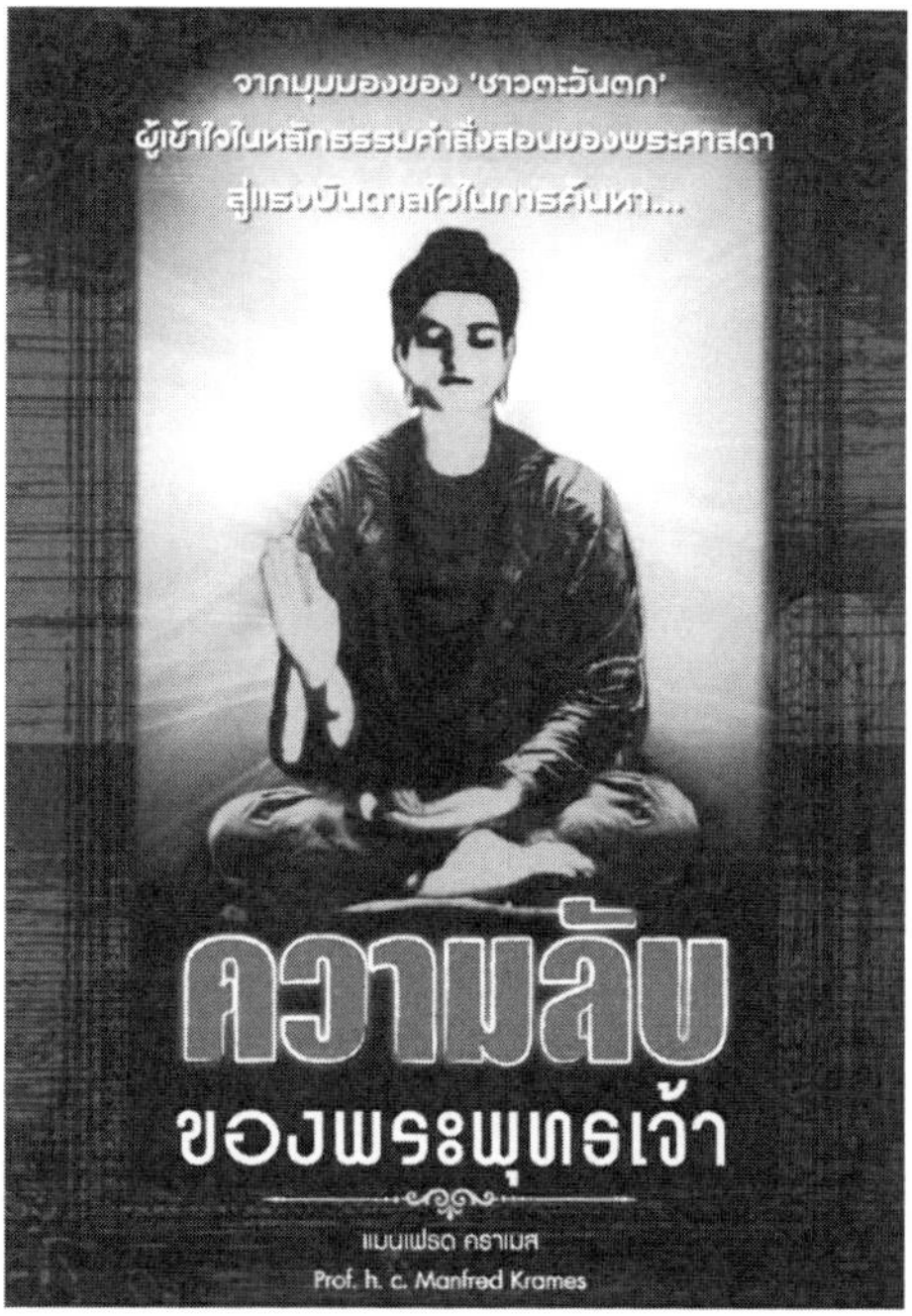

著者はタイ語で仏教に関する本を書きました。その中で、仏陀には宗教を設立する意図はなく、仏陀の教えは、タイ仏教宗派の権威よりも重要でなくなっていると指摘しました。この本は非常に批判的ですが、10年以上販売されています。

著者は、すべての宗教宗派が権力と影響力を求めて努力しており、多くの場合、本来の教えから逸脱していることを明らかにしています。

42．あとがき

神秘的な出会いやその他の話はまだまだありますが、あまりにも不思議で信じられないものは、ここには入れないことにしました。たとえば、カナダ人の女性医師から聞いた、アマゾンのジャングルにいる本物の魔女の霊祓いのおかげで命が助かったという話など――。

しかし、こうした面白がらせるような出来事を紹介するのが、この本の目的ではありません。そうした本はアメリカでたくさん出版されていますし、為にならないものは、私の好みではありません。やはりドイツ人ですから、実用的な価値がないと気が済まないのです。

皆さん、周りを見渡してみましょう。日本では心の病気が増えて、不幸な状況に陥っている人が多くなったと思いませんか？　私の大好きな日本がこれからどうなるのか、とても心配です。日本は神々の国だとずっと前から感じていました。そして、天照大神が実際に存在することを一流の霊能力者が確認したことは、私の感覚が正しかった証拠になりました。

天照大神の代わりに、イエスやクリシュナや観音様を崇拝し、力を借りることは全然問題ではありません。しかし、天照大神は、あくまで日本のための神様です。

風神が手伝ったかもしれませんが、神風が見事に恐ろしい敵を倒したおかげで、日本が救われたのは事実です。

神社でわがままなお願いをするより（給料を上げてほしい、恋人が欲しい、宝くじが当たるようになど）、困っている人のために、神様への感謝と共に「純粋に」祈ってみましょう。そのほうが、神様が喜んで願いを叶えようとするでしょう。そのためにニ回拍手をして、鐘を鳴らすだけでは足りません。一生懸命、魂を込めて、心の底から祈ります。そのように大勢が同時に祈るなら、戦争もパンデミックも消えるに違いありません。

誰かのために、あるいは社会の役に立つようにと願い、人の幸せを自分の喜びとする――、そうした人々が自分も幸せをつかんだ例を、世界中で何度も見てきました。「侍」の別の読み方は「侍《はべ》る」です。つまり、社会のために仕えるという姿勢で自らの才能使うことが、幸せにつながるのではないでしょうか？　アメリカ式の〝自分ファースト〟な生き方は、天国への道ではありませんので気をつけてください。

日本人の皆さんの心の中に、今でも〝侍魂〟が生きていることを願います。そして、今ここで、日本の叡智を見直してください。それに少しでも私が役に立てれば幸いです。

43．翻訳で困ったこと

今回、翻訳するにあたり、日本語には本書で扱ったテーマにぴったりの言葉がないので、とても困りました。

英語には「spiritual（スピリチュアル）」という言葉があり、これは人間の「精神」に関連するすべてのことを指します。それは、人間の体内にある精神に限らず、霊や魂の存在をも含みます。しかし、日本語の「精神」は、思考や脳内のことだけを指し、「精神的な問題」は「心の病」とも呼ばれ、結局、人間の体内のことに限られます。

「スピリチュアル」は、ラテン語の「spirit」（霊）に由来しており、「体の外」の世界まで含まれるのです。たとえば、「スピリチュアル的な成熟（spiritual development）」という用語がありますが、これには、自己啓発のための方法が含まれており、それは、ヨガ、瞑想、武士道などであったり、あるいは来世のための準備や、あの世まで続く練習のすべてだったりします。

日本語には「修行」という言葉がありますが、すべての修行が精神的な成長を含んでいるとは限りません。仏陀はかつて、宇宙の果てまで星空を旅したと言いました。

それは瞑想しながら、霊だけが旅することです。こういった霊能力は、日本語の「修行」にも「精神」にも含まれていないのです。

昨今、日本でもカタカナの「スピリチュアル」が使われていますが、それは訳の分からない〝フワフワ世界〟の総称になってしまいました。たとえば、宇宙人、UFO、秘教、魔法、迷信、陰謀説や、それらに関するものすべてが入っています。しかし、そうした使い方は根本的に間違っており、「スピリチュアル」の誤解・誤用でしかありません。

本当の「スピリチュアル」には、宗教や哲学に限らず、意識の拡大と、それに関連するすべての練習や運動、活動が含まれます。それを、ドイツ語で「ガイスティック」と言います。それは「精神」や「修行」をはるかに超えています。

したがって、本書ではなるべく「スピリチュアル」という言葉を使わずに翻訳しました。これから日本では、ドイツ語の「ガイスティック」を使うことを提案します。もしくは、新しいふさわしい用語を創造するのはいかがでしょうか？

44・摩訶《まか》般若《はんにゃ》波羅蜜多《はらみっら》心経《しんぎょう》

仏説摩訶般若波羅蜜多心経　観自在菩薩
行深般若波羅蜜多時　照見五蘊皆空　度一切苦厄
舎利子　色不異空　空不異色
色即是空　空即是色　受想行識亦復如是
舎利子　是諸法空相　不生不滅　不垢不浄
不増不減　是故空中無色
無受想行識　無眼耳鼻舌身意
無色声香味触法　無眼界乃至　無意識界
無無明亦　無無明尽　乃至無老死　亦無老死尽
無苦集滅道　無智亦無得
以無所得故　菩提薩埵依　般若波羅蜜多故

心無罣礙　無罣礙故
無有恐怖　遠離一切顛倒夢想　究竟涅槃
三世諸仏　依般若波羅蜜多故
得阿耨多羅三藐三菩提　故知般若波羅蜜多
是大神呪　是大明呪　是無上呪　是無等等呪
能除一切苦　真実不虚　故説般若波羅蜜多呪
即説呪曰　羯諦羯諦　波羅羯諦　波羅僧羯諦
菩提薩婆訶　般若心経

このお経はとくに霊祓いに効果的で、
弱いうつにも効きます。
発音はこちらのリンクへどうぞ。
一緒に唱えると、さらに効果が高まります。

⇧魔訶般若波羅蜜心経の
YouTube へ

Photo Credits

Page 11	Harada Sekkei Roshi (internet)
Page 13	Author at Zen Tempels (private)
Page 26	Thai Monk, photo by M. Krames
Page 40	Asahara turned into terrorist
Page 47	Cover by Wani Books Co., Ltd.
Page 50	Photo by staff of Hiromasa Emoto
Page 54	Cover by Kodansha Ltd. Tokyo
Page 55	Photo by Masami Sato
Page 67	Author photographed by Fragrance Journal
Page 77	Palm Leaf from Pixabay
Page 80	Selfie by Lloyd Sri Lanka
Page 101	Book Cover by Mother Meera Foundation
Page 110	Robert Enke, Wikipedia Germany
Page 117	Wolfgang Eckart / pixabay (Krishna statue)
Page 124	Inspector_clouseau/pixabay (torii)
Page 125	Jesus Christ, by unknown painter, Mexico
Page 128	Devil evil mask, Pixabay
Page 140	Hakusai and others, Wiki Commons
152 & 153	Provided by Hiroshi Fujimoto v
Page 160	Angel with devil, Pixabay
Page 164	Garden Eden, Pixabay

著者プロフィール

Prof. h. c. Manfred Krames
(マンフレッド・クラメス)

- 1963 年:ドイツ最古の都市トリーアで生まれる
- トリーア市経済短期大学卒業
- 日本で 2 年以上、禅寺で仏教の修行
- 東京にある中国伝統医学学校を卒業
- 日本アーユルヴェーダ研究会の会員となり活動(主催:幡井勉教授)
- Dr. U. K. クリシュナ(グジャラートアーユルヴェーダ大学)と研究
- 日本に住んで 11 年後、スリランカに移動し、
国際アーユルヴェーダ保存協会で 2 年間、研究
- コロンボ大学(スリランカ)で教師となり、名誉教授を取得
- 12 人のスタッフとスリランカのキャンディ市で国際自然医療センターを経営
- ドイツのバーデンバーデン市でアーユルヴェーダクリニックを経営
- 1999 年:ドイツアーユルヴェーダ・アカデミー開校、
500 人以上の医療専門家に講義
- オーストリア超心理学の私立学校を卒業
- 2000 – 2005 年:ドイツ、ラトビア、イタリア、カナダ、日本、スリランカ、
タイ、インドの大学でスピーチや講演会、セミナー etc.
- 2006 – 2012 年:スリランカのタイ大使の提案にて、
タイでアーユルヴェーダを紹介。大学やロータリークラブなどで講義
- 2013 年:いくつかの医療機関で全体的な診療のための
コンサルタントを務める
- 2015 年:再び日本に在住。日本全体的医学協会の会員となり、会長の
降矢英成医師と様々な講座・講演活動を行う。4 冊の日本語の本を出版
- 2019 年:ドイツに戻り、カウンセリング、セミナー、執筆活動に専念。
日本医学産業協会(主催:中川十郎氏)の国際部長も務める。

◆出版物

- ドイツで、東洋医学について４冊、アーユルヴェーダについて５冊、仏教について３冊、心身症について４冊、アジアの西洋化の危機について２冊を出版
- タイで４冊出版（タイ語）
- 日本では『交響曲「第九」の秘密』(ワニブックス)、『心身症と心の病を簡単に治す』(フレグランスジャーナル社)、『私の本質は何？ やっと自分らしく生きられる』(三恵社)、『コロナ、わが友よ』(ヒカルランド) を出版
- ドイツの医学雑誌や科学雑誌に多くの記事を提供

◆メンバーシップ

- ドイツ心理カウンセラーの連盟協会（VFP）
- 国際医療ジャーナリスト協会
- アーユルヴェーダ保全社会（スリランカ）

………………………………………………………………………………

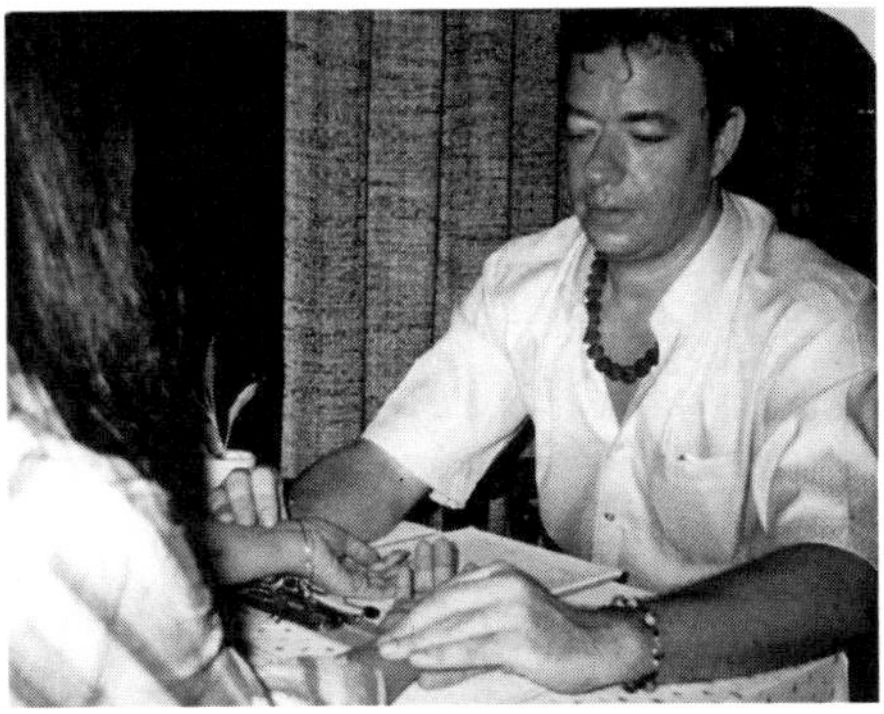

◎著者のカウンセリングをご希望の方は、こちらへどうぞ（SKYPE でも OK）
Vata.Syndrom@gmail.com

www.MPK-Japan.Jimdo.com

天照大神について

この絵（左下）は『古事記』にある有名な神話を描いたものです。それによると、天照大神が弟・須佐之男命《すさのおのみこと》の蛮行に怒って天岩戸《あまのいわと》に引きこもったために、この世が真っ暗闇となりました。困り果てた八百万の神々が岩戸の前に集まって儀式を行いましたが、天照大神は姿を現しません。最後に天鈿女命《あめのうずめのみこと》が舞い踊り、他の神々がはやしたてて大笑いしたところ、天照大神が扉を少し開けて「なぜ笑うているのか」と問いました。そこで「あなた様より立派な神がおられます」と答えて鏡を差し出すと、映る自分をその神だと思った天照が、もっとよく見ようと身を乗り出したところを外へ引っ張り出しました。その瞬間、この世に太陽の光が戻りました。

ここで一考

天照大神が洞窟に入ると光が暗闇に圧倒され、この世は最悪の状態になりました。そのままなら人類は気が重くなり、不安や恐れで生きられないでしょう。しかし、これは神話の世界だけのことではなく、今でも人間社会にときどき起こります。パンデミックが発生し、戦争が始まり、不幸な事件が続いたりします。

そうした暗闇に巻き込まれないためには、直ちに自分のエネルギー（波動）をポジティブに変えることが一番です。そのためにこそ、ドイツの作曲家ベートーベンが『第九（歓喜の歌）』を創りました――つまり、聴き手の心を闇から光へと変換するために――。天照大神が隠れた岩戸の前で踊ったり笑ったりして良い気分（波動）を広めた神々も、結局その作戦で成功しました。洋の東西を問わず、やはり昔の叡智は素晴らしいものです。決して忘れてはいけません。

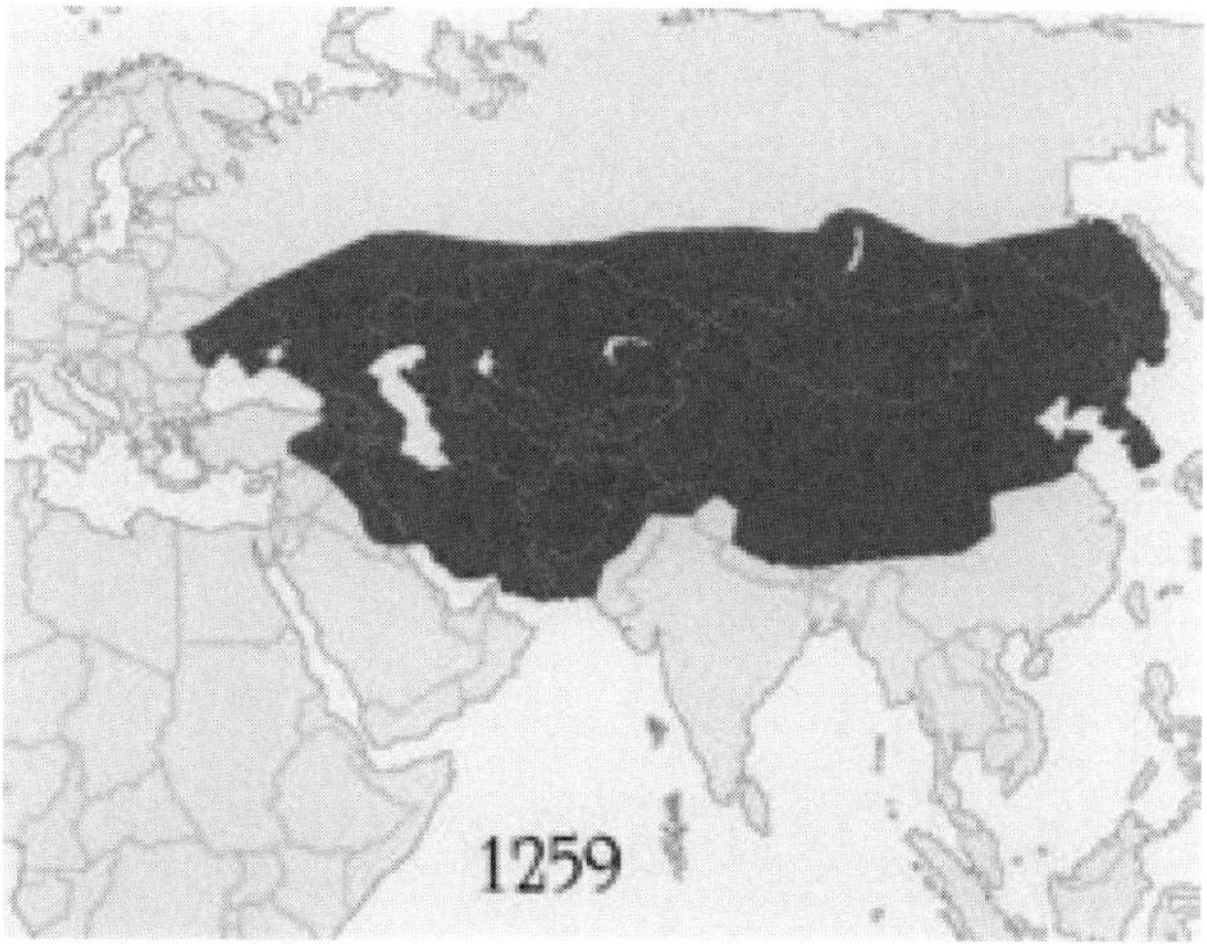

あまりにも驚かされる事実なので、ここでもう一度、モンゴル帝国によって征服された領土の地図をカラーで掲載します。チンギス・カンと子孫の下で殺された人数は4千万人以上。歴史家によると、それはスターリンとヒットラーが虐殺した人数を併せたものより多いということです。そのために、中国が万里の長城を何百年にもわたって築きました。その長さは6200㎞以上で、宇宙から見える唯一の建築物です。建築中に命を落とした労働者は40万人以上。これらの数字だけを見ても、モンゴル兵がどれだけ恐ろしい存在だったか想像できます。この軍隊に日本は到底、太刀打ちできなかったでしょう。天照大神が助けなかったら、日本という国は間違いなく世界地図から消えていたと思います。

ある歴史家によると、モンゴルの侵入を防ぐために、天皇は伊勢神宮にを送り、天照大神の他に、二人の神にも助けを求めました。それは、風を司る級長津彦命《しなつひこのみこと》と級長戸辺命《しなとべのみこと》。

しかし、天照大神がたった一人で台風を起こしたのか、それとも他の神々が協力したかは、どちらでもいいことです。重要なのは、歴史上の最たる危機の中、天皇と大勢の人々が一生懸命祈ったからこそ、「日本を担当する神・天照」が見事に敵を叩き潰したという事実です。

考えてみると、私たちが人に力を貸す、あるいは困った人に手を差し伸べる行為は愛であり、「純粋な愛＝神」です。この理論によると、我々も人を助けるとき、小さな神になるのではないだろうか。私の考えでは、神を崇拝するより、神に倣うほうが、その神を喜ばせると思います。

つまり、天照大神に倣って、愛という光を周囲に放つようになれば、我々はある意味で太陽になり、天照の本当の子どもになるということです。重要なのは、その真実だけ――。

Special Thanks

感謝の一言

まず、私のひどい日本語を編集してくれた佐藤雅美さん。何十回の説明を忍耐強く聞いて、完璧な表現を選んでくれなかったら、多分内容が通じなかったでしょう。心から感謝します。

そして、表紙のデザインを考えてくれた鎮西青美さん。その仕事は完璧でした。貴方は本物のアーチストです。ありがとう！

この本のテスト版を読んで、同意してくれた読者の皆さまにもお礼を言います。これは日本人に重要だと私の仕事を応援してくれたおかげで頑張れました。今後もよろしくお願いします。

病因は霊だった!

世界の名医が証拠を

2024年 6月18日 第1刷発行

著　　者　マンフレッド・クラメス
発 行 所　合同会社 ユニバーサルインテリジェンス
〒251-0032　神奈川県藤沢市片瀬5-4-17-201
mail address ／UI-Japan@proton.me

印刷・製本　壮光舎印刷

ISBN978-4-9913615-1-7

＊本書にはハードカバー、金箔入りのデラックス版があります。
　タイトルは「私が天照を信じる理由」ISBN978-4-9913615-0-0

発売予定

目覚めよ、日本人！

ドイツ人研究者が明らか

健全の秘密は 日本の叡智にあり

昔の日本人はどこより元気で頑丈な長生きする民族でした。しかし、西洋化とともにそうした長所が失われ、特に「心の病」が爆発的に広がって、自殺が若者の死亡原因 No.1 という時代。西洋医学での対応に手詰まり感が見える今、ドイツ人のクラメス教授が全く違う観点からの研究で、その原因を明らかにします。

明治時代から一体何が変わって、何が日本人の精神的な健康を弱めてきたでしょうか？ これは驚くほど「五行」の「風」と関係があります。世界最古の医学によると、私たちの体内の「風」が邪魔をすると、心身症の原因になるのです。この研究は意外にも、日本よりドイツが進んでいます。その貴重な情報を、日本を愛するクラメス教授が日本の皆さまに提供します。

この本は社会的な分析から、健康と幸福のための自己治療法、自己開発、個性的な生き方の実践を網羅した実用的なマニュアル本でもあります。従えば、ストレスや老化とは無縁になり、再び日本人らしく、自分らしく、健全に生きることが可能になります。

定価 1,800円（予定）

ISBN：978-4-9913615-2-4